【现代乡村社会治理系列】

乡村文化振兴
建设及案例分析

主　编　朱芳菲

时代出版传媒股份有限公司
安徽科学技术出版社

图书在版编目(CIP)数据

乡村文化振兴建设及案例分析/朱芳菲主编.--合肥:安徽科学技术出版社,2022.12(2025.9重印)
助力乡村振兴出版计划.现代乡村社会治理系列
ISBN 978-7-5337-8636-6

Ⅰ.①乡… Ⅱ.①朱… Ⅲ.①农村文化-文化事业-建设-研究-中国 Ⅳ.①G127

中国版本图书馆 CIP 数据核字(2022)第 235233 号

乡村文化振兴建设及案例分析 主编 朱芳菲

出版人:王筱文	选题策划:丁凌云 蒋贤骏 余登兵		责任编辑:陈芳芳
责任校对:戚革惠	责任印制:廖小青		装帧设计:武 迪

出版发行:安徽科学技术出版社　　　　http://www.ahstp.net
（合肥市政务文化新区翡翠路 1118 号出版传媒广场,邮编:230071）
电话:(0551)63533330

印　制:三河市京兰印务有限公司　　电话:(0316)3653362
(如发现印装质量问题,影响阅读,请与印刷厂商联系调换)

开本:720×1010　1/16　　印张:8.25　　字数:110 千
版次:2022 年 12 月第 1 版　　印次:2025 年 9 月第 4 次印刷

ISBN 978-7-5337-8636-6　　　　　　　　　　　定价:30.00 元

版权所有,侵权必究

"助力乡村振兴出版计划"编委会

主　任
查结联

副主任
陈爱军　罗　平　卢仕仁　许光友
徐义流　夏　涛　马占文　吴文胜
　　　　董　磊

委　员
胡忠明　李泽福　马传喜　李　红
操海群　莫国富　郭志学　李升和
郑　可　张克文　朱寒冬　王圣东
　　　　刘　凯

【现代乡村社会治理系列】
[本系列主要由安徽农业大学、安徽省委党校(安徽行政学院)组织编写]

总主编：马传喜
副总主编：王华君　孙　超　张　超

出版说明

"助力乡村振兴出版计划"(以下简称"本计划")以习近平新时代中国特色社会主义思想为指导,是在全国脱贫攻坚目标任务完成并向全面推进乡村振兴转进的重要历史时刻,由中共安徽省委宣传部主持实施的一项重点出版项目。

本计划以服务乡村振兴事业为出版定位,围绕乡村产业振兴、人才振兴、文化振兴、生态振兴和组织振兴展开,由《现代种植业实用技术》《现代养殖业实用技术》《新型农民职业技能提升》《现代农业科技与管理》《现代乡村社会治理》五个子系列组成,主要内容涵盖特色养殖业和疾病防控技术、特色种植业及病虫害绿色防控技术、集体经济发展、休闲农业和乡村旅游融合发展、新型农业经营主体培育、农村环境生态化治理、农村基层党建等。选题组织力求满足乡村振兴实务需求,编写内容努力做到通俗易懂。

本计划的呈现形式是以图书为主的融媒体出版物。图书的主要读者对象是新型农民、县乡村基层干部、"三农"工作者。为扩大传播面、提高传播效率,与图书出版同步,配套制作了部分精品音视频,在每册图书封底放置二维码,供扫码使用,以适应广大农民朋友的移动阅读需求。

本计划的编写和出版,代表了当前农业科研成果转化和普及的新进展,凝聚了乡村社会治理研究者和实务者的集体智慧,在此谨向有关单位和个人致以衷心的感谢!

虽然我们始终秉持高水平策划、高质量编写的精品出版理念,但因水平所限仍会有诸多不足和错漏之处,敬请广大读者提出宝贵意见和建议,以便修订再版时改正。

本册编写说明

本书在编写过程中,除遵行系列丛书的总体编写要求外,还贯穿了以下四个方面的编写立意:

一是力求从政治高度把握乡村文化振兴的重要性。坚持以习近平新时代中国特色社会主义思想、习近平总书记关于文化建设和乡村振兴的重要论述为指导,从"民族要复兴,乡村必振兴""没有高度文化自信、没有文化繁荣兴盛就没有中华民族伟大复兴"的政治高度认识乡村文化振兴的伟大历史意义。二是力求从政策维度把握乡村文化振兴的权威性。坚持以中共中央、国务院及安徽省委、省政府关于全面推进乡村振兴和国家部委关于推动文化产业赋能乡村振兴等政策文件为依据,保证本书内容"上接天线",符合党和政府的政策要求。三是力求从实践角度把握乡村文化振兴的落地性。本书作者深入研究了全国范围内的乡村文化振兴的生动实践,萃取和借鉴了适合安徽省地方实际和具有现实价值的实践方法,争取达到乡村文化振兴路径措施、对策方法的实用性和可操作性,以求本书内容"下接地气"。四是力求从认知角度把握乡村文化振兴的可读性。本书以新型农民、县乡村基层干部、"三农"工作者为读者对象,以乡村振兴、乡村文化振兴和乡村产业振兴之间的逻辑关系和作用机制为主要线索进行谋篇布局,以读者的文化程度、阅读场景和阅读习惯为依据进行写作文风定位,以易于读者理解的具有场景感和动作性的具象思维和通俗语言展开文字表述。

本书在写作过程中参考了大量专题研究和新闻报道等文献资料,也得到了中共安徽省委党校(安徽行政学院)很多领导和专家教授的关心和指导,在此表示衷心的感谢!

目　录

第一章　流程图与逻辑链：乡村振兴　文化先行 …… 1
　第一节　乡村振兴与乡村文化振兴 ………………………… 1
　第二节　文化振兴先行与文化传承 ………………………… 9

第二章　引力源与磁力场：乡村文化　丰富宝藏 …… 21
　第一节　中华传统优秀乡村文化 …………………………… 21
　第二节　地方农耕社会文化 ………………………………… 29
　第三节　农村红色革命文化 ………………………………… 33
　第四节　农村改革建设文化 ………………………………… 41

第三章　强主体与硬设施：责任主体　振兴载体 …… 47
　第一节　乡村文化振兴的责任主体 ………………………… 47
　第二节　乡村文化振兴的硬件建设 ………………………… 59

第四章　巧方法与软实力：文化振兴　入脑入心 …… 70
　第一节　强化乡村文化振兴的道德建设 …………………… 71
　第二节　强化乡村文化振兴的学校教育 …………………… 76
　第三节　强化乡村文化振兴的书香阅读 …………………… 81

第五章　动力源与机制链：文化振兴　产业赋能 …… 91
　第一节　文化产业赋能乡村振兴政策 …………………… 91
　第二节　文化赋能农业品牌化发展 ……………………… 98
　第三节　推动"文化+产业"融合发展 …………………… 112

第一章 流程图与逻辑链：乡村振兴　文化先行

第一节　乡村振兴与乡村文化振兴

一 乡村振兴战略

1. 乡村振兴战略的时代意义

乡村振兴战略是党的十九大提出的一项重大战略。实施乡村振兴战略是关系全面建设社会主义现代化国家的全局性、历史性任务，要坚持把实施乡村振兴战略作为新时代"三农"工作的总抓手，各级党委和党组织要加强领导，为实施乡村振兴战略提供坚强的政治保障。

习近平总书记在党的二十大报告中明确提出"全面推进乡村振兴"，明确指出"全面建设社会主义现代化国家，最艰巨任务仍然在农村"。为此，我们必须"坚持农业农村优先发展，坚持城乡融合发展，顺畅城乡要素流动。加强快速建设农业强国，扎实推动农业产业、人才、文化、生态、组织振兴"。

没有农业、农村现代化，就没有整个国家的现代化。在推进现代化的进程中，处理好工农关系和城乡关系，在一定程度上是现代化成功的关键。从世界上其他国家现代化的历史进程来看，有的国家因为没有处理好工农关系和城乡关系，导致农业和农村发展跟不上现代化的总体进

程,城市不能有效吸纳农村剩余劳动力,大量失业农民涌向城市贫民窟,乡村和乡村经济走向凋敝,工业化和城镇化走入困境,甚至造成社会动荡。这里面更深层次的问题是领导体制和国家治理体制问题。我国是中国共产党领导的社会主义国家,具备处理好工农关系与城乡关系、顺利推进我国社会主义现代化进程的体制优势,但也需要把握好乡村振兴和国家现代化建设的战略布局与实施进程。

新中国成立之初,限于历史条件和国际环境,我们只能通过自力更生,依靠农业、农村的倾力支持,在一穷二白的基础上推进工业化,最终建立起了比较完整的工业体系和国民经济体系。改革开放以来,我们又依靠农村劳动力、土地、资金等要素,快速推进了工业化和城镇化,城镇面貌发生了翻天覆地的变化。我国广大农民为推进工业化和城镇化做出了巨大贡献。在这个过程中,农业发展和农村建设也取得了显著成就,为我国进一步改革开放和社会主义现代化建设打下了坚实基础。

新中国成立以来,我们对工农关系、城乡关系的把握是完全正确的,也是富有成效的,农村总体和谐稳定。特别是改革开放以来,几亿进城务工者在城乡之间长时间、大范围有序有效转移,既增加了农民的就业机会和劳动收入,又推进了城市建设、服务了城市居民的工作和生活,不仅没有带来社会动荡,而且对经济和社会发展起到了重要支撑作用,做出了重大贡献。

与此同时,我们也要看到,同快速推进的工业化和城镇化相比,我国农业、农村发展步伐迈得相对较小。我国发展最大的不平衡是城乡发展不平衡,最大的不充分是农村发展不充分。党的十八大以来,我们下决心调整工农关系、城乡关系,采取了一系列举措推动"工业反哺农业、城市支持农村"。党的十九大提出实施乡村振兴战略,就是为了从全局和战略高度来把握和处理好工农关系、城乡关系。

在现代化进程中,城市的比重上升,乡村的比重下降,这是客观规律,是不以人的意志为转移的,也是不随人的愿望而改变的。但在我国有超过14亿人口的国情下,不管工业化、城镇化进展到哪一步,农业都要发展,乡村都不会消亡,城乡都将长期共生并存,这也是客观规律,也是不可改变的。即便我国城镇化率达到70%,农村仍将有4亿多人口。如果在现代化进程中把农村4亿多农民落下了,出现"一边是繁荣的城市、一边是凋敝的农村"的社会极大反差局面,既不符合中国共产党的执政宗旨,也不符合社会主义的本质要求。这样的社会主义现代化是不可能取得成功的。我们就是要通过乡村振兴战略的实施,消除城乡发展的不平衡,消除农村发展的不充分,开启城乡融合发展和现代化建设的新局面。

2. 乡村振兴战略的顶层设计

习近平总书记在党的十九大报告中对乡村振兴战略的顶层设计进行了精练的概括,提出要坚持农业、农村优先发展,按照产业兴旺、生态宜居、乡风文明、治理有效、生活富裕的总要求,建立健全城乡融合发展体制机制和政策体系,加快推进农业、农村现代化。这里面,农业、农村现代化是实施乡村振兴战略的总目标,坚持农业、农村优先发展是总方针,产业兴旺、生态宜居、乡风文明、治理有效、生活富裕是总要求,建立健全城乡融合发展体制机制和政策体系是制度保障。

(1)乡村振兴战略的总目标是农业、农村现代化。新中国大力推进的农业现代化取得了长足进步。到2018年前后,全国主要农作物耕、种、收综合机械化水平已超过65%,农业科技进步贡献率超过57%,主要农产品人均占有量均超过世界平均水平,农产品供给极大丰富。但是农村基础设施、公共服务、社会治理等方面的农村现代化差距还相当大。我们要在乡村振兴战略实施的过程中,坚持农业现代化和农村现代化一体设计、一并推进,实现农业大国向农业强国的跨越。

(2)乡村振兴战略的总方针是农业、农村优先发展。坚持农业、农村优先发展的总方针,就是要始终把解决好"三农"问题作为全党工作的重中之重。党中央一直强调,对"三农"要多予少取放活,但实际工作中"三农"工作"说起来重要,干起来次要,忙起来不要"的现象还比较突出。我们要扭转这种倾向,在资金投入、要素配置、公共服务、干部配备等方面采取有力举措,加快补齐农业、农村发展短板,不断缩小城乡差距,让农业成为有奔头的产业,让农民成为有吸引力的职业,让农村成为安居乐业的家园。

(3)乡村振兴战略的总要求是产业兴旺、生态宜居、乡风文明、治理有效、生活富裕。"产业兴旺、生态宜居、乡风文明、治理有效、生活富裕"这二十个字的乡村振兴战略总要求,反映了乡村振兴战略的丰富内涵。在这里面,"产业兴旺"是解决农村一切问题的前提,"生态宜居"是乡村振兴的内在要求,"乡风文明"是乡村振兴的紧迫任务,"治理有效"是乡村振兴的重要保障,"生活富裕"是乡村振兴的主要目的。

2002年,党的十六大提出了全面建设小康社会的奋斗目标,相应地,2006年十六届五中全会提出了"生产发展、生活宽裕、乡风文明、村容整洁、管理民主"的社会主义新农村建设的总要求。现在,中国特色社会主义进入了新时代。2012年,十八大提出全面建成小康社会的奋斗目标,需要对农业、农村发展提出更高要求,因此,2017年十九大在乡村振兴战略中提出了"产业兴旺、生态宜居、乡风文明、治理有效、生活富裕"的总要求。对比社会主义新农村建设总要求和乡村振兴战略总要求的文字表述,从"生产发展"到"产业兴旺",反映了农业、农村经济适应市场需求变化、加快优化升级、促进产业融合的新要求。从"村容整洁"到"生态宜居",反映了农村生态文明建设质的提升,体现了广大农民群众对建设美丽家园的追求。"乡风文明"是两个总要求中唯一没有调整的表述,这一要求的重点是弘扬社会主义核心价值观,保护和传承农村优秀传统文化,加强农村公共文化建设,开展移风易俗,改善农民精神风貌,提高乡村社会文明程度。从"管理民主"到"治理有效",是要推进乡村治理能力和治理水平现代化,让农村既充满活力又和谐有序。从"生活宽裕"到"生活富裕",反映了广大农民群众日益增长的美好生活需要,虽然只有一字之差,但体现出乡村振兴战略相比新农村建设有更高的要求和更高的标准。

(4)乡村振兴战略的制度保障是建立健全城乡融合发展体制机制和政策体系。实施乡村振兴战略,各级党委和党组织必须加强领导,汇聚起全党上下、社会各方的强大力量。要充分发挥好乡村党组织的作用,把乡村党组织建设好,把领导班子建设强。人才振兴是乡村振兴的基础,要创新乡村人才工作体制机制,充分激发乡村现有人才活力,把更多城市人才引向乡村创新创业。要把好乡村振兴战略的政治方向,坚持农村土地集体所有制性质,发展新型集体经济,走共同富裕道路。要健全多元投入保障机制,增加对农业、农村基础设施建设投入,加快城乡基础设施互联互通,推动人才、土地、资本等要素在城乡间的双向流动。要建立健全城乡基本公共服务均等化的体制机制,推动公共服务向农村延伸,推动社会事业向农村覆盖。要深化户籍制度改革,强化常住人口基本公共服务,维护进城落户农民的土地承包权、宅基地使用权、集体收益分配权,加快农业转移人口市民化。

二 乡村文化振兴与乡村振兴

2018年9月21日,习近平总书记在主持中共十九届中央政治局第八次集体学习的讲话中指出:乡村振兴是包括产业振兴、人才振兴、文化振兴、生态振兴、组织振兴的全面振兴,是"五位一体"总体布局、"四个全

面"战略布局在"三农"工作的体现。在乡村振兴战略实施的过程中,要统筹推进农村经济建设、政治建设、文化建设、社会建设、生态文明建设和党的建设,促进农业全面升级、农村全面进步、农民全面发展。

1. 乡村文化振兴是乡村振兴中的活力源

乡村振兴包含乡村文化振兴。乡村振兴战略的实施为乡村文化振兴带来了政策红利和资金、人才及产业等多方面的资源效应。虽然在城市化发展过程当中,随着有知识、有文化的年轻人不断离乡进城,乡村文化出现了一定程度的消减,而且在乡村文化中也还存在一些封建糟粕,但是从源头上来说,我国农耕文明源远流长、博大精深,是中华优秀传统文化的根。我国很多村庄有几百年甚至上千年的历史,至今保存完整。很多风俗习惯、村规民约等具有深厚的优秀传统文化基因,至今仍然发挥着重要作用。优秀传统文化的"根"和"魂"仍然活跃在乡村文化之中。在乡村振兴的五个构成部分中,乡村文化振兴比产业振兴、人才振兴、生态振兴、组织振兴依赖的资本和市场资源要少,硬件约束和畏难心理更少,更容易启动,更容易见成效,更能得到广大农民和基层干部的欢迎和支持,也更能给他们带来获得感和成就感,带来乡村振兴的士气和斗志。所以,乡村振兴战略中,乡村文化振兴是"先头部队",乡村振兴需要文化先行。

2. 乡村文化振兴是乡村振兴中的思想库

乡村振兴是包括产业振兴、人才振兴、文化振兴、生态振兴、组织振兴的全面振兴。习近平总书记将文化振兴放在乡村振兴五个构成部分的中间位置,表明了文化振兴在这五个振兴当中的中心位置。实际上,不仅乡村振兴本身离不开文化振兴,而且乡村振兴中的产业振兴、人才振兴、生态振兴和组织振兴等四个构成部分,都与文化振兴具有密切的关系。产业振兴需要文化振兴提供创新思维、价值观念、文化技术等方面的智力支持,实现文化赋能。人才振兴需要文化振兴提供思想品德和社会责任方面的教化支持,实现以文化人。生态振兴需要文化振兴提供精神内涵方面的文化支持,实现文化塑形。组织振兴需要文化振兴提供初心使命方面的文化教育,实现文化铸魂。没有文化振兴,产业振兴和生态振兴可能是空洞、空虚的,可能是徒有其表的,可能是缺乏精神内核和文化价值的。没有文化振兴,就没有使命感和价值感,人才振兴和组织振兴就没有生命力和凝聚力,也就不能真正实现人才振兴和组织振兴。乡村振兴的内容结构如图1-1所示。

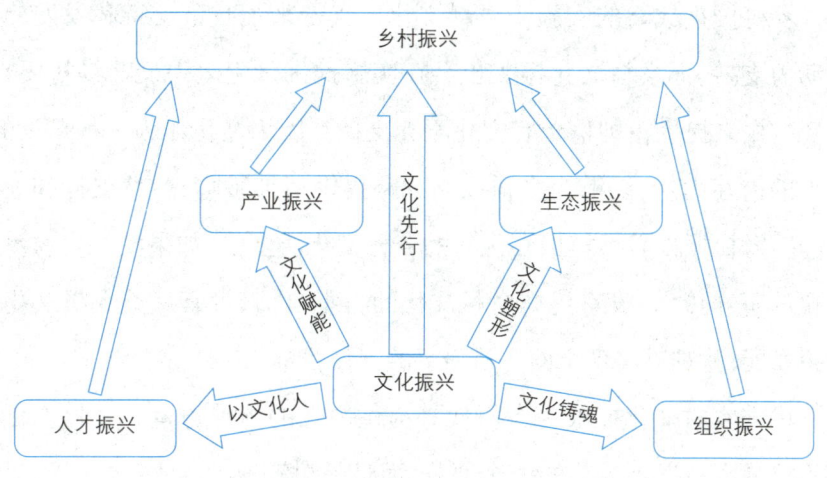

图1-1 乡村振兴的内容结构

当然,并不是乡村文化振兴单方面影响产业振兴、人才振兴、生态振兴和组织振兴,后四个方面的振兴也会对乡村文化振兴产生积极影响,推动乡村文化振兴的进一步落实和深化。乡村产业振兴能够为乡村文化振兴提供经济基础和产业资源支持,进而与乡村文化融合,形成乡村产业文化;乡村组织振兴和人才振兴能够为乡村文化振兴提供组织保障和人力资源支持,进而与乡村文化深度融合,发展成为乡村组织文化和乡村人才文化;乡村生态振兴能够为乡村文化振兴提供自然物质基础,

与乡村文化融合发展,成为美丽自然景观与精神主题内核紧密结合的乡村生态文化。

如果乡村产业振兴、人才振兴、生态振兴和组织振兴不能有效启动并扎实推进,而是停留在原有萎靡不振的懒散荒芜状态,就会对乡村文化振兴乃至整体乡村振兴产生消极负面影响。因此,乡村振兴本质上是乡村文化振兴、产业振兴、人才振兴、生态振兴和组织振兴共同发力、相互联动的整体振兴。

3. 乡村文化振兴是乡村振兴中的动力源

乡村振兴战略的实施为乡村文化振兴带来了政策支持和发展趋势的动力支持,而乡村文化振兴也会在实施推进过程之中反哺乡村振兴,为乡村振兴提供精神信念和文化素养支持。因为文化作为一种持久的、强大的内在力量,能够为乡村振兴战略提供精神激励、智慧支持和道德滋养。乡村振兴必须植根在优秀的乡村文化沃土中,如果没有优秀乡村文化的坚守传承,没有优秀乡村文化的自觉自信,没有优秀乡村文化的繁荣发展,就难以实现全面乡村振兴的宏伟目标。

优秀乡村文化能够为乡村振兴提供内在的精神力量。乡村文化振兴不仅是乡村振兴战略的一个部分,而且是对产业振兴、人才振兴、生态振兴和组织振兴均具有引领和推动作用的一个特殊部分。中国乡村其实不缺文化,缺的只是对文化的挖掘、弘扬和传承。分布在广袤农村的文物古迹、传统村落、民族村寨、传统建筑、农业遗迹、灌溉工程、戏曲曲艺、民族文化、民间习俗等都是宝贵的乡村文化财富,记载着农耕文明的历史,反映着地域特色和民族特点,是乡村文化的显著标签和肥沃土壤,蕴含着巨大的内在能量。保护好、传承好这些乡村文化的标签,浇灌好、厚植好乡村文化的土壤,就能为乡村文化增肥添力,让乡村文化焕发生机,为乡村振兴战略注入精神内核力量。

优秀乡村文化能够为乡村振兴提供强大的推动力量。乡村文化孕育守护着中华文化的精髓,绵延5000多年的中华文化本质上是乡村农耕文化,中华优秀传统文化的思想观念、人文精神和道德规范,植根于乡村社会,源于农耕文明。乡村文化既是一方水土独特的精神创造和审美创造,又是人们乡土情感、亲和力和自豪感的凭借,更是永不过时的文化资源和文化资本,能够有效凝聚人心、教化群众、淳化民风。推动乡村振兴必须唤醒乡村文化意识,提振乡村文化自信,为乡村振兴战略注入更持久的强大力量。

优秀的乡村文化能够为乡村振兴提供持久的发展力量。历史悠久的中华文明是世界上唯一没有中断的人类文明,历史已经证明了中华优秀传统文化的伟大力量。习近平总书记在江苏徐州考察时指出,实施乡村振兴战略不能光看农民口袋里票子有多少,更要看农民精神风貌怎么样。只有农民的脑袋富了、思想活了、眼睛亮了、精神足了,乡村振兴才能拥有源源不断的力量源泉,才能凝聚发展的内生动力,乡村文化振兴才是乡村振兴生生不息的精神推动力量。

第二节 文化振兴先行与文化传承

一、文化振兴先行

1. 开宗明义说文化

广义的文化是自然的"人化",和文化相对的是自然,凡是经由人类通过行为制造和创造的一切物质与精神成果都是文化。广义的文化一般包含三个层面的内涵:一是器物层面的文化(简称"器物文化",也称

"物质文化"),指人类创造的物质成果。器物文化与人类适应自然、利用自然、改造自然和征服自然的关系最为密切,是人类处理人与自然关系的产物。二是制度层面的文化(简称"制度文化"),指人类制定并遵行的法律法规、行为规范和习惯风俗。制度文化主要是人类处理人与社会关系的产物。三是思想层面的文化(简称"思想文化"),指人类发明创造的知识与价值(价值观或价值观念),包括自然科学、哲学社会科学等方面的知识与价值。从这个意义上讲,自然科学以及工程技术也属于文化的范畴,这一点是需要特别提示和说明的。哲学社会科学、意识形态是大众普遍认同的文化范畴。哲学社会科学包括哲学、政治学、经济学、法学、社会学、人类学、历史学、新闻传播学、文学、艺术、宗教等学科门类。哲学社会科学具有客观和主观双重属性。从客观性方面来说,哲学社会科学揭示和反映的是规律和真理;从主观性方面来说,哲学社会科学反映和维护的是一定社会阶层的利益和价值。带有主观性的、代表和维护社会阶层利益和价值的哲学社会科学就是意识形态。

狭义的文化是广义文化概念中的思想文化,其核心是价值(价值观或价值观念)。习近平总书记深刻指出:"价值观念在一定社会的文化中是起中轴作用的,文化的影响力首先是价值观的影响力。世界上各种文化之争,本质上是价值观念之争,也是人心之争、意识形态之争。"

人们在使用文化的概念时,主要使用的是狭义的文化,但有时也使用广义的文化。本书中的文化概念主要是狭义的文化概念,但在有些语境和场景下,也会因为意义表达的需要而使用广义的文化概念。

2. 文化先行的逻辑

人类行为遵循着这样的规律:观念决定行动,行动决定结果。有什么样的观念就有什么样的行动,有什么样的行动就有什么样的结果。观念是支配行动和产生结果的思想基础和先决条件。要改变结果必先改变行动，要改变行动必先要改变观念。观念是一种内在的、具有推动行为的能量，观念是一种自动自发的内驱力。而这里所说的观念就属于文化的范畴。这是文化先行的基本逻辑。

文化观念为什么具有这样的先导作用和先行价值呢？我们认为，文化观念的先导作用和先行价值是由文化的本质属性决定的。

文化有"三度"，即高度、深度和宽度。文化作为人类集体智慧的结晶，具有超越一般现象或表象的高度，透过现象或表象洞察本质的深度，把握事物之间联系的宽度。要建立起文化认知的高度，达到高屋建瓴和高瞻远瞩的境界；建立起文化认知的深度，达到一针见血或入木三分的程度；建立起文化认知的宽度，达到运筹帷幄与尽在掌握的气度。做大事者必有远见，成大事者必有文化。"人总是赚不到他认知以外的财富"，就是人们对文化观念之重要的一句朴素而真切的概括话语。

文化有"三力"，即凝聚力、影响力和创造力。文化作为人类共同的精神力量，具有统一思想认识的凝聚力、动员一致行动的影响力和改变自然与社会的创造力。分散的个体各有思想与私利，如果没有全民族思想文化的统一，就不可能形成民族统一意志，就不可能形成统一的、强大的民族力量，就无法维护民族的共同利益。文化的影响力是通过文化所具有的思想穿透力量和交流渗透力量实现的。文化思想的穿透力量能够突破人的思想禁锢和思想封锁，打开心结，理顺心绪，点亮心智的光，接受主流思想与价值观念。文化思想的渗透力量能够通过润物细无声的方式潜移默化地影响更多人，实现对更广泛群体的全面影响。基于文化的思想凝聚力、行动影响力的共同作用，将思想的力量、行动的力量统一在共同的事业上，就会爆发出文化的创造力，实现对自然或社会的改变或调整，形成文化建设的最新成果。

在乡村振兴中，要改变乡村产业落后面貌，实现乡村产业振兴，要改

变人才匮乏的面貌,实现乡村人才振兴,要改变乡村组织软弱乏力的面貌,实现乡村组织振兴,要改变乡村生态荒芜面貌,实现乡村生态振兴,就必须首先克服思想上的畏难认识、态度上的畏难情绪,必须首先在思想观念上、在文化理念上坚定战胜困难的信心,然后才有可能拿出实现乡村振兴的行动方案并推动执行,再然后才有可能取得乡村振兴的实际成效,正所谓"幸福都是奋斗出来的",否则只会在困难面前裹足不前。这也就是在乡村振兴中,乡村文化振兴必须先行的道理和逻辑。

二、优秀传统文化传承

中华文化源远流长,灿烂辉煌。在5 000多年文明发展中孕育的中华优秀传统文化,积淀着中华民族最深沉的精神追求,代表着中华民族独特的精神标识,是中华民族生生不息、发展壮大的丰厚滋养,是中国特色社会主义植根的文化沃土,是当代中国发展的突出优势。但是,随着我国经济社会深刻变革、对外开放日益扩大、西方文化势力的不断入侵、互联网技术和新媒体快速发展,各种思想文化交流、交融、交锋更加频繁,甚至出现了意识形态的斗争。深刻、复杂而严峻的国际文化环境迫切需要我们深化对中华优秀传统文化重要性的认识,进一步增强文化自觉和文化自信;迫切需要深入挖掘中华优秀传统文化价值内涵,进一步激发中华优秀传统文化的生机与活力;迫切需要加强政策支持,着力构建中华优秀传统文化传承发展体系。为此,党中央决定,自2017年开始实施中华优秀传统文化传承发展工程,这是建设社会主义文化强国的重大战略任务,对于传承中华文脉、全面提升人民群众文化素养、维护国家文化安全、增强国家文化软实力、推进国家治理体系和治理能力现代化,具有重要意义。在乡村振兴战略中,优秀传统文化的传承和发扬也有重要意义,是非常重要的一着先手棋。

1. 中华优秀传统文化的核心精髓

中华优秀传统文化内容丰富、博大精深，社会各方均有不同的精彩表述。中共中央办公厅、国务院办公厅2017年1月印发的《关于实施中华优秀传统文化传承发展工程的意见》，对需要传承的中华优秀文化精髓做出了权威的概括总结，包括以下三个方面：

（1）核心思想理念。中华民族和中国人民在修齐治平、尊时守位、知常达变、开物成务、建功立业过程中培育和形成的基本思想理念，如革故鼎新、与时俱进的思想，脚踏实地、实事求是的思想，惠民利民、安民富民的思想，道法自然、天人合一的思想等，可以为人们认识和改造世界提供有益启迪，可以为治国理政提供有益借鉴。传承发展中华优秀传统文化，就要大力弘扬讲仁爱、重民本、守诚信、崇正义、尚和合、求大同等核心思想理念。

（2）中华传统美德。中华优秀传统文化蕴含着丰富的道德理念和规范，如天下兴亡、匹夫有责的担当意识，精忠报国、振兴中华的爱国情怀，崇德向善、见贤思齐的社会风尚，孝悌忠信、礼义廉耻的荣辱观念，体现着评判是非曲直的价值标准，潜移默化地影响着中国人的行为方式。传承发展中华优秀传统文化，就要大力弘扬自强不息、敬业乐群、扶危济困、见义勇为、孝老爱亲等中华传统美德。

（3）中华人文精神。中华优秀传统文化积淀着多样、珍贵的精神财富，如求同存异、和而不同的处世方法，文以载道、以文化人的教化思想，形神兼备、情景交融的美学追求，俭约自守、中和泰和的生活理念等，是中国人民思想观念、风俗习惯、生活方式、情感样式的集中表达，滋养了独特丰富的文学艺术、科学技术、人文学术，至今仍然具有深刻影响。传承发展中华优秀传统文化，就要大力弘扬有利于促进社会和谐、鼓励人们向上向善的思想文化内容。

2. 中华优秀传统文化的传承原则

总体来说,中华优秀传统文化的传承需要加强党的领导,充分发挥政府主导作用和市场积极作用,鼓励和引导社会力量广泛参与,坚持统筹协调、形成合力,推动形成有利于传承发展中华优秀传统文化的体制机制和社会环境。具体来说,需要坚持以下三项原则:

(1)双"向"原则。双"向"原则即把握好"前进方向"和"工作方向"。一是要牢牢把握社会主义先进文化前进方向。坚持中国特色社会主义文化发展道路,立足于巩固马克思主义在意识形态领域的指导地位,巩固全党全国人民团结奋斗的共同思想基础,弘扬社会主义核心价值观,培育民族精神和时代精神,解决现实问题,助推社会发展。二是要坚持以人民为中心的工作导向。坚持为了人民、依靠人民、共建共享,注重文化熏陶和实践养成,把跨越时空的思想理念、价值标准、审美风范转化为人们的精神追求和行为习惯,不断增强人民群众的文化参与感、获得感和认同感,形成向上向善的社会风尚。

(2)双"创"原则。双"创"原则即坚持"创造性转化"和"创新性发展"。传承中华优秀传统文化必须处理好传承与利用、传承与创新的关系。要坚持辩证唯物主义和历史唯物主义,秉持客观、科学、礼敬的态度,取其精华、去其糟粕,扬弃继承、转化创新,不简单复古,不简单否定,不断赋予新的时代内涵和现代表达形式,不断补充、拓展、完善,使中华民族最基本的文化基因与当代文化相适应、与现代社会相协调,从而将优秀传统文化创造性地转化为促进文化发展、民族复兴、国家富强、人民幸福的精神财富,实现优秀传统文化的创新性发展。

(3)双"来"原则。双"来"原则即"不忘本来""吸收外来"。实行对外开放之后,西方各种社会文化思潮大量涌入,在一定社会范围内、在一定程度上出现了以洋为美、以洋为尊,甚至贬低、漠视中华优秀传统文化的现象。因此,传承中华优秀传统文化必须处理好与外来文化的关系,必须坚守中华文化立场、传承中华文化基因,汲取中国智慧、弘扬中国精神、传播中国价值,不断增强中华优秀传统文化的生命力和影响力,创造中华文化新辉煌。坚持交流互鉴、开放包容。以我为主、为我所用,取长补短、择善而从,既不简单拿来,也不盲目排外,吸收借鉴国外优秀文明成果,积极参与世界文化的对话交流,不断丰富和发展中华文化。

3. 中华优秀传统文化的传承途径

传承发展中华优秀传统文化是一项涉及面非常广的系统工程,需要既立足当下又放眼长远,既要有高屋建瓴的顶层设计,又要能措施得力地落地生根。中共中央办公厅、国务院办公厅印发的《关于实施中华优秀传统文化传承发展工程的意见》对此做出了七个方面的全面部署,也值得在乡村文化传承和振兴中贯彻实施,其中所包含的优秀乡村文化振兴的措施,更需要乡村文化传承和振兴更快、更好地贯彻实施。

(1)深入阐发文化精髓。这是传承中华优秀传统文化的一项前提性与基础性工作。通过加强中华文化研究阐释工作,深入研究阐释中华文化的历史渊源、发展脉络、基本走向,深刻阐明中华优秀传统文化是发展当代中国马克思主义的丰厚滋养,深刻阐明传承发展中华优秀传统文化是建设中国特色社会主义事业的实践需要,深刻阐明丰富多彩的多民族文化是中华文化的基本构成,深刻阐明中华文明是在与其他文明不断交流互鉴中丰富发展的,着力构建有中国底蕴、中国特色的思想体系、学术体系和话语体系。加强党史、国史和地方史志的编纂工作,巩固中华文明探源成果,正确反映中华民族文明史。中国历史上修编的《永乐大典》《四库全书》对于记载和传承传统文化具有明确的价值。在信息化快速发展的当代,更需要实施中华文化资源普查工程,构建准确权威、开放共享的中华文化资源公共数据平台,建立国家文物登录制度,建设国家文

献战略储备库、革命文物资源目录和大数据库。在图书出版方面,实施国家古籍保护工程,完善国家珍贵古籍名录和全国古籍重点保护单位评定制度,加强中华文化典籍整理编纂出版工作。完善非物质文化遗产、馆藏革命文物普查建档制度。

(2)贯穿国民教育始终。优秀传统文化传承必须抓好各级各类学校教育,推进优秀传统文化教育进教材、进学校、进课堂、进脑海、进心灵,针对幼儿、少儿和青少年学生群体,围绕立德树人根本任务,遵循学习认知规律和教育教学规律,按照一体化、分学段、有序推进的原则,把中华优秀传统文化全方位融入思想道德教育、文化知识教育、艺术体育教育、社会实践教育各环节,贯穿于启蒙教育、基础教育、职业教育、高等教育、继续教育各领域。以幼儿、小学、中学教材为重点,构建中华文化课程和教材体系。编写中华文化幼儿读物,开展"少年传承中华传统美德"系列教育活动,创作系列绘本、童谣、儿歌、动画等。修订中小学道德与法治、语文、历史等课程教材。推动高校开设中华优秀传统文化必修课,在哲学社会科学及相关学科、专业和课程中增加中华优秀传统文化的内容。加强中华优秀传统文化相关学科建设,重视保护和发展具有重要文化价值和传承意义的"冷门""绝学"。推进职业院校民族文化传承与创新示范专业点建设。丰富拓展校园文化,推进戏曲、书法等高雅艺术及传统体育等进校园,实施中华经典诵读工程,开设中华文化公开课,抓好传统文化教育成果展示活动。研究制定国民语言教育大纲,开展好国民语言教育。加强面向全体教师的中华文化教育培训,全面提升师资队伍水平。

(3)保护传承文化遗产。让中华优秀传统文化"看得见""永流传"。坚持保护为主、抢救第一、合理利用、加强管理的方针,做好文物保护工作,抢救保护濒危文物,实施馆藏文物修复计划,加强新型城镇化和新农村建设中的文物保护。加强历史文化名城名镇名村、历史文化街区、名人故居保护和城市特色风貌管理,实施中国传统村落保护工程,做好传统民居、历史建筑、革命文化纪念地、农业遗产、工业遗产保护工作。推进地名文化遗产保护。实施非物质文化遗产传承发展工程,进一步完善非物质文化遗产保护制度。实施传统工艺振兴计划。大力推广和规范使用国家通用语言文字,保护传承方言文化。开展少数民族特色文化保护工作,加强少数民族语言文字和经典文献的保护和传播,做好少数民族经典文献和汉族经典文献互译出版工作。实施中华民族音乐传承出版工程、中国民间文学大系出版工程。推动民族传统体育项目的整理研究和保护传承。

（4）滋养文艺创作。让中华优秀传统文化以文学艺术的方式实现生动化、形象化传播与传承。善于从中华文化资源宝库中提炼题材、获取灵感、汲取养分,把中华优秀传统文化的有益思想、艺术价值与时代发展相结合,运用丰富多样的艺术形式进行"当代化"的表达,推出一大批底蕴深厚、滋养心灵的优秀文艺作品。科学编制重大革命和历史题材、现实题材、爱国主义题材、青少年题材等专项创作规划,彰显中华文化的精神内涵和审美风范。加强对中华诗词、音乐舞蹈、书法绘画、曲艺杂技和历史文化纪录片、动画片、出版物等的扶持。实施戏曲振兴工程,挖掘整理优秀传统剧目,推进数字化保存和传播。实施网络文艺创作传播计划,推动网络文学、网络音乐、网络剧、微电影、短视频等传承发展中华优秀传统文化。实施中国经典民间故事动漫创作工程、中华文化电视传播工程,组织创作生产一批传承中华文化基因、具有大众亲和力的动画片、纪录片等节目和栏目。大力加强文艺评论,改革完善文艺评奖,建立有中国特色的文艺研究评论体系,倡导中华美学精神,推动美学、美德、美文相结合。

（5）融入生产生活。把中华优秀传统文化传承与广大人民群众日常

工作生活紧密结合起来,把中华优秀传统文化内涵更好更多地融入社会生产与生活各方面,实现优秀传统文化与现实工作生活在深度交融中传承发扬。深入挖掘城市历史文化价值,提炼精选一批凸显文化特色的经典性元素和标志性符号,纳入城市规划与建筑设计,合理应用于城市雕塑、广场园林等公共空间。挖掘整理传统建筑文化,鼓励建筑设计继承创新,推进城市修补、生态修复工作,延续城市文脉。加强"美丽乡村"文化建设,发掘和保护一批处处有历史、步步有文化的小镇和村庄。用中华优秀传统文化的精髓涵养企业精神,培育现代企业文化。实施中华老字号保护发展工程,支持文化特色浓、品牌信誉高、有市场竞争力的中华老字号做精做强。实施中国传统节日振兴工程,丰富春节、元宵、清明、端午、七夕、中秋、重阳等传统节日文化内涵,形成新的节日习俗。加强对传统历法、节气、生肖和饮食、医药等的研究阐释、活态利用,使其有益的文化价值深度嵌入百姓生活。实施中华节庆礼仪服装服饰计划,展现中华民族服装服饰的文化魅力。充分利用历史文化资源优势大力发展文化旅游,引导游客在文化旅游中感知中华文化。推动休闲生活与传统文化融合发展,培育符合现代人需求的传统休闲文化。

(6)加大宣传教育力度。优秀传统文化传承需要各类宣传机构、各种宣传媒体、各类社会管理机构针对广大人民群众长期性地、普遍化地开展专业性与专题性的宣传教育工作。实施中华文化全媒体传播工程,综合运用书刊报纸、广播电视、互联网站和手机客户端等多媒体手段,统筹宣传、文化、文物等各方力量,创新表达方式,大力彰显中华文化魅力。充分发挥图书馆、文化馆、博物馆、群艺馆、美术馆等公共文化机构在传承发展中华优秀传统文化中的作用。实施革命文物保护利用工程,做好革命遗址、遗迹及烈士纪念设施的保护和利用,推动红色旅游持续健康发展。充分利用重大历史事件和中华历史名人、国家公祭仪式、烈士纪念日、各类爱国主义教育基地、历史遗迹等,深入开展"爱我中华"主题教育活动,培育爱国主义精神。加强国民礼仪教育,加大对国家重要礼仪的普及教育与宣传力度,在国家重大节庆活动中体现仪式感、庄重感、荣誉感,彰显中华传统礼仪文化的时代价值,树立文明古国、礼仪之邦的良好形象。制定承接传统习俗、符合现代文明要求的社会礼仪、服装服饰、文明用语规范,建立健全各类公共场所和网络公共空间的礼仪、礼节、礼貌规范,推动形成良好的言行举止和礼让宽容的社会风尚。把优秀传统文化思想理念体现在社会规范中,与制定市民公约、乡规民约、学生守则、行业规章、团体章程相结合。弘扬孝敬文化、慈善文化、诚信文化等,开展节俭养德全民行动和学雷锋志愿服务。广泛开展文明家庭创建活动,挖掘和整理家训、家书文化,用优良的家风家教培育青少年。挖掘和保护乡土文化资源,建设新乡贤文化,培育和扶持乡村文化骨干,提升乡土文化内涵,形成良性乡村文化生态。加强港澳台中华文化普及,积极举办以中华文化为主题的交流活动,增强国家认同、民族认同和文化认同。

(7)推动中外文化交流互鉴。中华优秀传统文化不仅要在国内传承,还需要在世界范围内传播与传承。中华优秀传统文化在世界文化之林中永葆鲜活与生机,更是对中华优秀传统文化在更高境界上的传承。因此,需要加强对外文化交流合作,创新人义交流方式,丰富文化交流内容,不断提高文化交流水平。充分运用海外中国文化中心、孔子学院,文化节展、文物展览、体育活动、旅游推介等文化活动,推动中华优秀传统文化的国际传播。支持中华医药、中华烹饪、中华武术、中华典籍、中国文物、中国园林、国画书法、戏曲民乐、中国节日等中华传统文化海外传播,加强"一带一路"沿线国家文化交流合作。鼓励发展对外文化贸易,让更多体现中华文化特色、具有较强竞争力的文化产品走向国际市场。

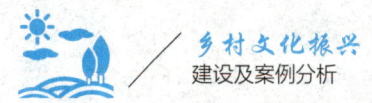

探索中华文化国际传播与交流新模式,综合运用大众传播、群体传播、人际传播等方式,构建全方位、多层次、宽领域的中华文化传播格局。推进国际汉学交流和中外智库合作,加强中国出版物国际推广与传播,扶持汉学家和海外出版机构翻译出版中国图书,通过华侨华人、文化体育名人、各方面出境人员,依托我国驻外机构、中资企业、与我友好合作机构和世界各地的中餐馆等,讲好中国故事、传播好中国声音、展示好中国形象。中华优秀传统文化的根在乡村,已经有很多、未来将会有更多探寻中华优秀传统文化的国际友人探访中国乡村,也已经有很多出自乡村的农民企业家走出国门,在海外创业,还有很多有一定文化知识与专业技术的职业农民走出国门,在海外务工,因此农村农民在中华优秀传统文化的国际交流方面也将大有可为。

第二章　引力源与磁力场：乡村文化　丰富宝藏

第一节　中华传统优秀乡村文化

一　乡村文化的基本认识

乡村文化是乡村社会成员基于乡村地域空间、乡村劳动和乡村工作、乡村生活和社会秩序，共商共建、共享认同、共同遵循的历史文化体系。

乡村文化根植于乡村。 乡村文化以常住在乡村的社会成员为主体、以乡村地域为空间范围、以乡村劳动或乡村工作为谋生职业、以乡村生活为基本生活方式、以乡村社会为社会关系形态，创造出与各种乡村元素相适应的文化内涵，具有明显的乡土性。

乡村文化具有地域性。 从城乡两类不同的地域概念上来说，现在的乡村文化以乡村地域区别于城市地域，表现出与城市文化不同的乡村文化的地域特征。从不同的乡村地域概念上来说，不同地方的乡村文化也具有地域差异，形成不同地域的乡村文化乃至地方区域文化。中国幅员辽阔，各地土地资源禀赋不同，气候条件不同，农业物种不同，人们生活居住形态不同，自然形成了东西南北不同的乡村文化。

乡村文化具有共同性。 乡村文化伴随着农业文明时代的乡村群居

社会生活形态而诞生,必然维护乡村共同利益,因此乡村文化所创造的物质文化、制度文化、行为文化和精神文化等,表现为求同存异、共商共建的结果,具有共同认可、共同遵循的效果。

乡村文化具有延续性。乡村文化作为乡村社会的文明成果,具有代代相传的历史价值,能够被不同时代的乡村居民沿袭、传承和继承,成为绵延不竭、生生不息的文化渊源。在漫长的农耕文明里,由于技术进步缓慢,乡村社会重大变革较少,因此乡村社会形态稳固,乡村文化的变化也不多,稳固性和延续性更为明显。

乡村文化面临变化性。工业文明带来了生产技术和生产力的重大发展,带来了生产关系和社会形态的重大调整,冲击着依附于农业文明的乡村文化,带来了乡村文化的变化性。乡村文化的有些变化是时代的进步,是应该积极拥护和大力推进的,但也有些变化是消极的,带来了民族文化的根脉断层与基因突变,是必须高度警惕和主动防止的。因此,时代给我们提出了一个历史命题——乡村文化振兴。

二 乡村文化的内容构成

1. 乡村文化的内容层次

根据文化层次理论,乡村文化可分为物态文化、制度文化、行为文化、精神文化四类,它们共同构成乡村整体的文化形态。其中,除物态文化外,制度文化、行为文化、精神文化都是无形的,都需要借助载体进行呈现,在文化传承与更新方面难度较大。

(1)乡村物态文化。乡村物态文化是指可触知的乡村物质实体状态的文化,又叫乡村物质文化,如村落形态与风貌、乡村建筑、农业生产资料、农业产品等。与制度文化、行为文化与精神文化相比,物态文化更为直观,是乡村文化最外显的形式。

（2）乡村制度文化。乡村制度文化是乡村社会成员基于乡村社会秩序稳定与关系协调,由各种正式和非正式的制度与规则所形成的规范体系,是乡村社会成员在乡村生产与生活中所形成的各种社会关系的总和,包括成文和不成文的乡规民约、宗族家训、家规家教等。

（3）乡村行为文化。乡村行为文化是乡村社会成员在乡村劳动工作与生活中衍生出来并共同遵循的行为规范、风俗习惯、礼仪庆典、戏曲表演、传统节日活动等。

（4）乡村精神文化。乡村精神文化是乡村社会成员在生产生活中逐渐建立起来的价值观念,包括家族文化、宗教文化、孝道文化、是非观念、美丑观念、善恶观念、政治观念（旧社会主要是君臣观念,新社会主要表现为干群观念）等。乡村精神文化是乡村文化的根与魂,乡村物态文化、制度文化和行为文化本质上都源于乡村精神文化。

2.乡村文化的内容发展

从乡村文化的延续和发展方面来看,我们把乡村文化分为传统农耕社会文化、农村红色革命文化和农村改革建设文化三大构成部分。从时间维度来看,三者存在明显的先后关系,传统农耕社会文化在前,农村红色革命文化居中,农村改革建设文化在后。从空间维度上来看,三者呈现出并存关系,现在的乡村文化,既包括传统农耕社会文化,也包括农村红色革命文化和农村改革建设文化。

（1）传统农耕社会文化。历史悠久的农耕社会和农业文明孕育、培育和养育着乡村文化,使得乡村文化根基深厚、绵长悠久。中华民族的农业文明比其他文明的历史更为悠久,中国这片土地上的乡村文化因之根深叶茂,中国的乡村文化也就因此与中华传统文化密不可分,甚至可以说,乡村文化既是中华传统文化形成的主要历史源头,也是中华优秀文化主体内容的构成部分。传统农耕社会的乡村文化不仅源远流长,而

且内容广泛、博大精深,包含上述乡村物态文化、乡村制度文化、乡村行为文化和乡村精神文化四大方面。其中的行为文化和精神文化包含着中华民族在历史的长河中逐步形成并发展起来的道德情感、社会心理、风俗习惯、是非标准、行为方式、理想追求等,表现为民俗民风、物质生活与行动章法等,以言传身教、潜移默化的方式影响人们,反映了乡民的处事原则、人生理想以及对社会的认知模式等,是传统乡村文化的精神内核和主要组成部分,因此成为乡村文化的特质,被很多人认为是乡村文化的核心,甚至被认为就是乡村文化的全部。

(2)农村红色革命文化。封建帝王的统治和西方列强的殖民与半殖民地统治,阻碍了中华民族的发展进步,在打破封建统治、寻求民族解放独立的艰难探索过程当中,中国共产党找到了"以农村包围城市、武装夺取政权"的正确道路,因此,在中国广阔的农村大地上,相继打响了土地革命战争、抗日战争和解放战争的枪声,创建了大量可歌可泣的农村红色革命文化。农村红色革命文化是中国共产党领导创建的革命文化,是对中国乡村文化和中华民族文化的重大历史贡献。

(3)农村改革建设文化。新中国建立之初,百废待兴,中国人民在贫瘠落后的基础上开始了社会主义建设的新征程,农业支持工业、农村支持城市,成为新中国社会主义建设的主要国策,农村、农业和农民发挥出中华民族的优秀文化传统,创建了新中国乡村文化的崭新序章。改革开放始于农村和农业,农民在农村大地上率先书写了乡村改革文化,创建了新中国乡村文化的壮丽篇章。在社会主义新农村建设、脱贫攻坚和乡村振兴的进程中,广大农民和农村干部改变了农村面貌,实现了全面小康,创建了新中国乡村文化的辉煌续章。

三 乡村文化的精神内核

乡村文化源于历史悠久的农耕文明,因而源远流长。乡村文化基于纵横交错的乡村社会,因而博大精深。千百年来,泱泱华夏,乡村文化浩如烟海。想用简短的文字概括枝繁叶茂的乡村文化是极其困难的,这里仅从10个侧面来谈谈需要传承和振兴的优秀乡村文化的精神内核。

1. 故土难离、叶落归根的乡土情结

"民以食为天",人类生存所必需的粮食生产离不开土地,土地养育着人类,这是农耕文明最朴素、最本源,也是最深切的认知。土地是最重要的生活资源,人类对土地自古以来就存在着深深的依赖,对于养育自己的土地,有着无比的眷恋。一方水土养一方人,离开故土会带来生活的不适应和生活成本的上升,所以故土难离。即便人们离开故土,外出谋生,即便为了扩大生存空间而开疆拓土,也希望有朝一日能报效故乡,到老了即便已经适应异乡生活,还是希望叶落归根。所以,"耕者有其田"是农民的理想追求,也是社会治理的完美境界。乡土情结可以演化出对家园的爱护、对国土的守护、对同乡的亲近、对民族的亲情,是乡村文化振兴需要借助的精神资源。

2. 天人合一、道法自然的生态伦理

在农耕文明的历史演进中,中华民族的祖先认识到了人与自然的关系,人来源于大自然,是大自然的有机组成部分,是大自然造化的产物。人不能游离于自然之外,更不能凌驾于自然之上。古代伟大的思想家老子称之为"道生一,一生二,二生三,三生万物""人法地,地法天,天法道,道法自然",这就是人与自然和谐相处的生态伦理思想的一个体现。在农耕社会里,在农业国度里,必须了解和遵从天文气象、地理气候、季节

时令等自然变化规律。中国古老的"天人合一、道法自然"的生态伦理思想,仍然是现代中国处理人与自然关系的重要法则,是乡村振兴必须遵循的自然生态文化观念。

3. 厚德载物、自强不息的奋斗精神

中华民族自古以来就是勤劳勇敢的民族,笃信有大德方能承担重任,崇尚品德修炼,练就海纳百川的胸怀境界,笃信努力向上永不懈怠方能成就大业,崇尚生生不息、自强不息的奋斗精神。相信强大自己必须通过坚持不懈的努力,即使身处困境,通过持之以恒的努力仍能成就一个强大的自己。因此,在包括乡村文化在内的中华民族的优秀文化体系里,励精图治、发奋图强的精神永不褪色,闻鸡起舞、卧薪尝胆的故事代代相传,自暴自弃、自轻自贱总是被批评,浑浑噩噩、虚度年华总是被警醒。在乡村文化振兴的伟大工程中,厚德载物、自强不息的奋斗精神,仍然是具有强大力量的文化精神,必须传承和振兴。

4. 克勤克俭、艰苦朴素的生活观念

在中国文化里,反映农耕劳作的不易和告诫保持生活简朴的文化作品,佳作纷呈,令人耳熟能详,比如"锄禾日当午,汗滴禾下土。谁知盘中餐,粒粒皆辛苦"。在中国古人的认知里,就有"克勤克俭,无怠无荒"的观念。所以,乡村文化总倡导和保持吃苦耐劳、艰苦朴素、精打细算、勤俭节约的优良传统,总反对好逸恶劳、游手好闲、好吃懒做、尸位素餐、无所事事、铺张浪费的恶习,总批评穷奢极欲、一掷千金、暴殄天物、大手大脚、挥霍无度、花天酒地、灯红酒绿的不良作风。富不忘本、俭朴生活的良好观念和作风,在乡村文化振兴中应该得到保护和传承。

5. 严于律己、克己奉公的修身观念

在处理自己和他人、个人与社会公共利益关系的准则里,中国自乡村文化发端的传统优秀文化无不大力推崇严于律己、宽以待人、克己奉

公的个人修为。人们对此都深信不疑,身体力行,并以此教育子孙后代。虽然在历史故事里、在现实社会里,都不乏投机钻营、损公肥私的人和事,但在主流价值观里,这些都是被瞧不起的,在互联网时代,更是会被网络舆论和网友评论嘲讽。而对于在脱贫攻坚与乡村振兴工作中涌现出来的优秀人物和优秀事迹,对于为国防事业隐姓埋名做出无私奉献的英雄人物和英雄事迹,党和政府、社会和民众给予的褒奖和称赞也是旗帜鲜明、大张旗鼓的。

6. 同舟共济、守望相助的乡邻观念

在科技尚不发达的古代社会,乡村生活难免要遇到很多困难,个人力量难以克服,需要集体共同面对、同心协力,才能战胜困难。因此大家会同舟共济、守望相助。同舟共济的典故发生在春秋时期,当时,吴国和越国之间经常打仗,两国的人民也都将对方视为仇人。有一次,两国的人恰巧共同坐一艘船渡河。船刚开的时候,他们还互相怒视对方。但当船开到河中央的时候,突然遭遇疾风暴雨,眼见船就要翻了,为了保住性命,两国人顾不得彼此的仇恨,互相救助,合力稳住船身,逃过了这场灾难,安全到达对岸。因此,在中国乡土文化里,礼尚往来、患难与共、一方有难、八方支援是被赞扬和称颂的,以邻为壑、互相残害、同室操戈是被贬损和批判的。

7. 尊老爱幼、相敬如宾的家庭伦理

农户是农耕社会的劳作单元,家庭是社会生活的细胞,家人和睦是幸福保障,家风清明是传家之宝。在中国家庭伦理文化中,讲究长幼有序、尊老爱幼,虽然封建礼教中有约束妇女的"三从四德",但也有农事分工中男耕女织、家庭生活中相敬如宾的佳话。《左传》记载了这样一个故事:春秋时一个叫冀缺的人在田里除草,他的妻子把午饭送到田头,恭恭敬敬地用双手把饭捧给丈夫,丈夫庄重地接过来,毕恭毕敬地祝福以后

再用饭。黄梅戏经典名剧《天仙配》更是歌颂了七仙女和董永夫妻恩爱的神话故事。新时代的乡村文化振兴更应该弘扬相亲相爱的家庭文化。

8. 货真价实、童叟无欺的商业伦理

农耕时代的乡村经济虽然总体上是自给自足的自然经济，但也有了社会分工，有了商品流通和商业贸易。在中国古代商业里，虽然也有狡诈的奸商，但能够得到社会尊重、发展成为百年老字号的仍然是诚信为本的商家。徽商是明清时期的中国著名商帮，徽商的成功主要得益于他们坚持以义为先、重义轻利、诚信经营、童叟无欺、货真价实、不掺杂假的商业伦理道德。在乡村振兴伟大工程中，利用不见面的电子商务模式销售农副产品，是促进乡村产业发展、增加农民收入的重要途径，这种模式更需要发扬货真价实、诚信经营的传统商业道德，唯有如此才能消除"网货就是假货"、电商就是"低价+假货"的负面形象。

9. 为官一任、造福一方的为官思想

在农耕社会创建和记载乡村文化的，不仅有广大的乡民，还有官员，有些官员同时还是思想家、文学家，还有一些官员是通过层层考试选拔出来的文化人，他们与官宦世家的世袭官员不同，有政治抱负，有百姓情怀，坚持"先天下之忧而忧，后天下之乐而乐"，追求"为官一任、造福一方"。有些虽然屡遭官府流放贬职，但却深受人民爱戴，是古代官僚体制中的清流，成为名传千古、流芳百世的典范。这种真心为民服务的执政理念，在新时代的乡村振兴中，在中国共产党人的初心使命责任担当中，应该保留重要的位置，得到继承与发扬。

10. 赤胆忠心、精忠报国的家国情怀

在农耕社会的乡村文化中，在封建社会的政治文化中，在文学作品里和戏曲舞台上，"忠臣""奸臣"的形象总是被塑造得黑白分明。这其中固然有封建统治阶级巩固其统治的政治需要，但也确实存在着普通老百

姓对能够开创"太平盛世"的官员的拥护、对能够带来"国泰民安"的官员的忠诚,而面对不堪承受、导致民不聊生的苛政酷吏,人民也会揭竿而起,奋起反抗直至推翻其统治。因此,追求民族独立、国家安全和领土完整的家国情怀和赤胆忠心,"天下兴亡,匹夫有责"的大义担当精神,是必须弘扬的民族精神,是乡村文化留给我们的精神财富。

第二节 地方农耕社会文化

在1 800多年的先秦时期,中华民族的祖先创造了灿烂的文明,夏商时期的甲骨文、殷商的青铜器,都是人类文明的历史体现。到春秋战国时期,孔子和其他诸子百家开创了中国历史上第一次文化学术的繁荣。诸侯国的政体形式、地理位置、地形地貌和资源禀赋的差异和交通的阻隔,形成了农耕时代各具特色的地方社会文化,并在秦朝统一之后延续下来,比如:山西有因晋国而形成的晋文化,山东有因鲁国而形成的鲁文化,湖北有因楚国而形成的楚文化,江苏有因吴国而形成的吴文化,浙江有因越国而形成的越文化,等等。

安徽虽然建省时间较晚,但也是中华民族和中华文明的发源地之一。安徽的"徽"字上下是"山水",左右是"人文"。安徽简称"皖",源于春秋时期所设的古皖国,"皖"字从"白"从"完","白"指日出与日落之间的天色,"完"指"完美"。"白"与"完"合起来表示"完美的天色"。在安徽这片古老大地上所形成的乡村文化和历史文化,悠久而厚重。

由于历史和地理的原因,安徽在建省之前就已经形成了徽州文化、淮河文化和皖江文化三大主要地方特色文化。徽州文化是新安江源头的山区文化,淮河文化是淮河流域的平原文化,皖江文化则是长江流域的山水文化。徽州文化凝重厚实,遗存多、积淀厚;皖江文化飘逸空灵,文学艺术卓著;淮河文化以老庄道家著称,哲学底蕴深厚。

一 徽州文化(徽文化)

徽州文化是存在于古代徽州一府六县的乡村社会文化,是一种极具地方特色的区域文化,内容涵盖明清时期的经济、商业、社会、哲学、建筑、教育、医学、生活与文化。对徽州文化的研究已经形成了一门相对独立的地方学——"徽学",它是与敦煌学和藏学并列的中国三大走向世界的地方显学之一,新安理学、徽商、徽菜、徽州宗族、徽州教育、新安医学、徽州戏曲、新安画派、徽派建筑、徽州村落、徽州民俗等是徽州文化的特色符号。

新安理学是程朱理学的正宗流派,奠基人程颢、程颐及理学集大成者朱熹,祖籍均系徽州,对徽州社会经济文化都有很大的影响。新安理学的核心是伦理纲常,同时也倡导"穷理之要,必在于读书"的重学思想,以及"天理为义,人欲为利""正其义不谋其利,明其道不计其功"的道义与利益思想。

新安画派自明朝开始形成独有的风格,主张师法自然,寄情笔墨,给明末清初画坛带来新的生气。近代的黄宾虹主张"先师古人,再师造化,而以自然为归",丰富和发展了新安画派。

徽剧在清代中期形成了"唱、念、做、打"并重的完美剧种,开始风靡全国,"四大徽班"由扬州进京,把徽剧推向顶峰。道光年间,徽剧与汉剧结合,产生了京剧。

新安医学肇自北宋,盛于明清,涌现著名医家500多人,医籍460多部,其中部分医籍东传朝鲜、日本。宋代张杲撰写的《医说》是我国现存最早的载有大量医史人物传记和医学史料的图书,也是第一部较完整的新安医学著作。歙县江瓘《名医类案》搜集上自扁鹊、仓公、华佗,下迄元、明诸名医验效医案,是我国第一部汇集历代名医医案之专著。

徽派建筑集徽州山川风景之灵气,融风俗文化之精华,风格独特,结构严谨,雕镂精湛,尤以民居、祠堂和牌坊最为典型,被誉为"徽州古建三绝"。徽派建筑在总体布局上,依山就势,构思精巧,自然得体;在平面布局上,灵活别致,变幻无穷;在空间结构和利用上,造型丰富,讲究韵律美,以马头墙、小青瓦最有特色;在建筑雕刻艺术的综合运用上,融石雕、木雕、砖雕为一体,显得富丽堂皇。

(二) 淮河文化(涡淮文化)

淮河是我国一条古老而又独具地域特色的河流,是我国东部的南北分界线。淮河流域位于黄河与长江之间的过渡地带,淮河文化便在这个特定的自然环境中形成了独具特色的区域文化。

淮河流域是中华文明的发祥地之一,早在旧石器时代淮河流域就有人类活动,新石器时代淮河流域人类活动更为活跃,出土文物证明淮河流域在数千年以前已经有了农业和畜牧业。淮河文化源于长江流域的楚文化,兴盛于淮河流域的宋、明文化,并与中原文化汇合,使中国进入炎黄同尊、龙凤呈祥的时代。我国的孔孟儒家学说,墨家学派,韩非、李斯的法家学派,都是在淮河流域创立的。

在淮河流域的安徽怀远产生了禹文化,大禹治水三过家门而不入的故事历久弥新。安徽境内的涡河流域是道家发源地,而道家在先秦哲学史上居主要地位。从春秋至秦汉的诸子百家,很多都来自淮河流域。仅在原安徽境内就有老子、庄周、管仲、刘安等历史名人。

老子,今安徽涡阳人(一说河南鹿邑人),生活于春秋战国时期。各诸侯国为了争夺霸主地位战争不断,严酷的动乱与变迁,让老子目睹到民间疾苦,作为周朝的守藏史,老子以王朝兴衰成败、百姓安危祸福为鉴,以韵文哲理诗体写出了《道德经》(上篇《道经》、下篇《德经》),提出了治国安民的一系列主张。庄子,今安徽蒙城人,老子道家思想的主要传承人,著有《庄子》。老子、庄子创建了老庄文化,提出了"人法地,地法天,天法道,道法自然"的核心观念。"道"不仅是宇宙之道、自然之道,也是个体修行即修道的方法;"德"是修道者必备的世界观、方法论以及为人处世之方法。德是基础,道是德的升华。没有德的基础,为人处世、治家、治国,很可能都失败,就没有能力去"修道"。所以修"德"是为修"道"创造条件。"道"生成了万物,又内涵于万物之中,"道"在物中,物在"道"中,万事万物殊途而同归,都通向了"道"。"物质""精神""规律"皆是"道"的派生物。"道"是自然之始祖,是造成宇宙万物的源头根本。

老庄把自然之道作为万物本原及其规律,以"道之自然""无为"为教育目的,重视"不言之教",提倡自然主义教育,主张通过学习自然而返归与保全人的自然素朴本性。

三 皖江文化

皖江文化源自古皖文化。西周王朝在今安徽潜山市册封过一个以皖伯为领主的皖国。皖伯执政时,体察民情,施以德政,政绩颇佳,使皖国成为一个理想的国度。

皖江地区的历史文化源远流长。早在旧石器时代,皖江地区就有猿人活动的遗迹,如薛家岗遗址、汪洋庙遗址、黄鳝嘴遗址、天宁寨遗址等。自先秦至现今,皖江文化就没有中断过。皖江文化范围广泛、内容丰富、底蕴深厚,涉及历史重要人物和重大事件,以及文学、戏曲、书画、政治、经济、科技、宗教、民俗风情、生态环境等众多领域,如以张英、张廷玉、陈独秀为代表的政治文化,以黄梅戏为代表的戏剧文化,以李公麟、邓石如为代表的书画文化,以敬敷书院、省立安徽大学(今安徽大学)以及发达的基础教育为代表的教育文化,以禅宗二祖、三祖为代表的宗教文化,等等。桐城派的兴起是皖江地区文学乃至中国清代文学的最大成就,方苞的民本思想对之后的作家"经世致用"的思想产生了深远影响。

自汉代开始,皖江一带就是人文、艺术、宗教、经济的昌盛之地,乐府民歌《孔雀东南飞》是我国古代最长的叙事爱情诗;唐代诗人张籍推动了新乐府运动;晚清时期,安庆成为安徽政治、经济、文化中心。曾国藩在此创办"安庆内军械所",所内"全用汉人,未雇洋匠",集合了一批当时中国著名的科学技术专家,制造出中国第一台蒸汽机。安庆内军械所是中国依靠自己力量建立的第一个近代军事工业企业,也标志着近代工业的起步。

皖江文化对近现代中国政治和文化的影响比徽州文化和淮河文化更为显著。安庆是辛亥革命的重要据点之一,也是较早传播马克思主义的地方,《新青年》的创办者陈独秀和早期作者群几乎全来自皖江地区。皖江地区还是安徽创办报纸最早、最多的地区。

皖江文化具有文以载道和经世济用的价值取向,较注重以文载道、以文救国、以文济世、以文乐民,比较完整地体现了文化的意识形态功能,比较系统地整合了文学、政治、宗教和艺术的精神力量,因而产生了广泛而深刻的影响。

第三节 农村红色革命文化

中国共产党在革命探索中找到的"以农村包围城市,武装夺取政权"的革命成功道路,奠定了农村红色革命文化的理论基础和实践基础。安

徽作为革命理论传播最早的地区、革命斗争开展最深入的地区,农村红色革命文化也最为丰富、最为鲜艳。

一 觉醒年代:红色革命文化的起源

新文化运动的倡导者、发起者和主要旗手,马克思主义在中国最早的传播者之一,中国共产党的主要创始人之一和党的早期主要领导人陈独秀,出生于安徽安庆怀宁县。陈独秀自幼丧父,随祖父修习四书五经等中华传统文化,曾留学日本寻求救国救民之道。1915年9月,陈独秀在上海创办《青年杂志》(后改名为《新青年》并迁址北京),新文化运动由此发端。1917年,俄国十月社会主义革命取得胜利,为中国送来了马克思主义,为中国革命道路带来了方向指引。陈独秀、李大钊等人积极在学生和工人当中传播马克思主义,积极开展建党工作。1920年5月,陈独秀在上海发起成立马克思主义研究会。1920年8月,陈独秀主持成立了党的早期组织,陈独秀任书记。同年11月,陈独秀同共产党早期组织成员拟定《中国共产党宣言》,指出"共产主义者的目的是要按照共产主义者的理想,创造一个新的社会""共产党将要引导革命的无产阶级去向资本家争斗,并要从资本家手里获得政权——这政权是维持资本家的国家的;并要将这政权放在工人和农人的手里,正如1917年俄国共产党所做的一样"。

1921年7月23日,中国共产党第一次全国代表大会在上海召开,宣告中国共产党正式成立,中国历史由此掀开崭新一页。陈独秀虽然没有出席中共一大,但仍然被选举为中央局书记。从中共一大到五大,陈独秀一直是党的最高领导人,对中国共产党成立初期革命运动的开展,反帝反封建民主革命纲领的制定,中共二大民主革命纲领的制定,中共三大国共合作方针的确定,中共四大关于无产阶级在民主革命中领导权问题和工农联盟问题等党的理论问题的阐述,以及对推动1924年至1927年的大革命运动,特别是建立国共合作、领导五卅运动和上海工人三次武装起义等党的工作,都发挥了重要的领导和指导作用。

陈独秀的儿子陈延年和陈乔年也是中国共产党的早期领导人,为中国革命献出了年轻的生命。

中共安徽省委第一任书记王步文出身于今岳西县温泉镇资福村的书香门第,自幼读私塾,1917年开始接触《新青年》等进步书刊,1918年秋到安庆求学,进一步接触进步思想。1919年"五四运动"爆发后,王步文积极联络青年学生,组织罢课、游行示威等活动声援正义,成为安徽省早期学生运动领导人之一。1921年4月,王步文等发起成立了安徽省最早的社会主义青年团组织。1923年,王步文加入中国共产党,积极参与筹建安徽早期党组织中共安庆支部。1931年2月,中共安徽省委在芜湖正式成立,王步文任省委代理书记兼宣传委员,3月成为中共安徽省委首任书记,4月6日因叛徒出卖被捕,面对反动当局所许的高官厚禄,他不为所动,面对各种酷刑逼供,他坚贞不屈,5月31日,王步文于安庆就义,年仅33岁。

二)土地革命:星火燎原的大别山精神

1927年大革命失败后,中国共产党领导的革命斗争由城市转入农村,在农村建立根据地,建立革命武装和工农政权,开展土地革命。

大别山位于湖北、河南、安徽三省交界处,是中国共产党的重要建党基地、中国革命的主要活动地、人民军队的重要诞生地、中国革命的战略转移地,具有崇高的革命历史地位。"大别山精神"是由中国共产党领导下的大别山区的武装力量和革命群众为了建立新中国英勇奋斗而形成的革命精神。2021年9月,大别山精神被纳入党中央批准的第一批中国

共产党人精神谱系。安徽是大别山革命根据地的重要组成部分,是大别山精神的重要孕育之地、锻造之地和发展之地。大别山精神内涵丰富,主要归纳为以下四个方面:

1. 坚守信念、对党忠诚

理想信念是动力源泉,无论是在革命运动的初始阶段,还是在革命发展的高潮时期,无论顺境还是逆境,大别山英雄儿女始终坚守共产主义信念,始终自觉地将中国共产党看作是自己的"主心骨"和"领路人",紧跟紧随,绝不动摇。大别山根据地创建时期,许多革命先烈面对敌人的残酷镇压无所畏惧,大义凛然,矢志不渝,初心不改。

2. 胸怀全局、甘于奉献

在形势发展的紧要关头,为了革命需要和全局利益,大别山军民总是从党的事业出发,以全局利益为重,用鲜血和生命谱写了惊天地泣鬼神的胜利壮歌。1934年11月主力红军长征后,大别山区人民从巩固和发展革命根据地的全局出发,坚持了三年艰苦卓绝的游击战争,保存了革命的火种。1946年8月,刘邓大军千里跃进大别山,将战争引向国民党统治区,以自己的巨大牺牲扭转了解放战争的形势。

3. 军民同心、团结奋斗

革命战争年代,大别山区党和红军深深植根于人民群众之中,与人民群众同舟共济、生死相依,共同创造了鄂豫皖苏区革命薪火不灭、二十八年红旗不倒的奇迹。大别山区拥有"红军县""将军县"。苏家埠战役中,六安、霍邱两县组织两万多群众运送粮草、服务战场,呈现出两万多红军作战、两万多群众支援的人民战争的壮阔场面。

4. 不畏艰苦、勇当先锋

在中国革命最紧要的关头,大别山人民克服种种艰难险阻,敢打敢冲,经常处在交战的最前沿,发挥着重要而特殊的作用。从大别山区出发的红二十五军是几支长征队伍中最先到达陕北的一支工农红军,被誉为"长征先锋"。1946年6月中原突围中,中原军区第一旅旅长、金寨籍将领皮定均率部掩护主力向西突围,毅然铁流东进,经过大小战斗23次,历经千辛万苦,以3个团5 000余人的完整建制胜利到达苏皖解放区。

2019年9月,习近平总书记视察河南时曾指出,焦裕禄精神、红旗渠精神、大别山精神等都是我们党的宝贵精神财富。要把红色基因传承好,确保红色江山永不变色。大别山精神虽然是革命历史的产物,却有着超越时空的永恒魅力,具有巨大的时代价值,是安徽人民取之不尽、用之不竭的宝贵精神财富。我们要大力弘扬大别山精神,发扬红色传统、传承红色基因,夺取乡村文化振兴和乡村全面振兴的胜利。

三 抗战时期:艰苦卓绝的铁军精神

1937年进入全面抗战时期,安徽是新四军主要集结地、军部所在地和皖南事变发生地。在中国共产党的领导下,新四军转战大江南北,成为华中抗战的中流砥柱,用鲜血和生命锻造了伟大的新四军精神(又称"铁军精神"),成为中国共产党精神谱系的重要组成部分。

新四军精神内涵丰富,根本要旨主要体现在以下六个方面:

1. 跟党举旗的坚定信念

坚持中国共产党的领导是新四军精神的灵魂。虽然部队番号变了,帽徽变了,隶属关系变了,但新四军坚持党的绝对领导始终不变,人民军队的本质不变,始终坚持以党的旗帜为旗帜。为了保证党对军队的绝对领导,各级均建立了党的组织领导机构,加强思想政治工作,坚持正确的政治方向,保证广大指战员在困难和逆境时不气馁、不动摇,经受住各种困难和风险的考验。

2. 英勇果敢的钢铁意志

新四军长期战斗在敌情复杂、环境险恶的华中战略要地,面对日伪军的频繁"扫荡""清乡",面对国民党顽固派不断制造的反共"摩擦"事件,新四军在江淮大地上以英勇果敢的钢铁意志,压倒了日军的武士道精神,以因敌、因地制宜的灵活战法,积无数小胜为大胜,最终成为一支能打仗、打胜仗的威武之师、胜利之师。

3. 坚忍不拔的顽强作风

新四军所处的华中敌后,处在前面打"狼"、后面拒"虎"的日、伪、顽夹击中,处在无大山依托、无丛林隐蔽的平原水网环境中。广大新四军指战员不畏艰险,浴血奋战,视死如归,涌现了一大批为国捐躯的革命烈士,表现了中国军人的民族血性和大无畏的革命英雄主义气概,令敌人胆寒,令天地动容。

4. 众志成城的赤诚团结

新四军高举抗日民族统一战线的大旗,广泛团结一切拥护和支持抗日的友党友军、民主人士、海外侨胞和国际友人,形成了共同抗日的巨大洪流。大批爱国青年和知识分子冒死参加新四军,大批爱国人士和国际友人支援新四军,汇聚成团结抗战的磅礴力量。

5. 相忍为国的博大胸怀

全民族抗战爆发后,在中华民族面临亡国灭种的危急关头,历经十年内战、惨遭国民党杀戮的中国共产党人以民族大义为重,捐弃前嫌,共赴国难,忠实执行抗日民族统一战线政策,表现出同仇敌忾、相忍为国的伟大爱国主义精神。

6. 步调一致的自觉纪律

新四军严格遵守军纪,坚决执行命令,形成上下同心、一往无前的强大战斗力;新四军严格遵守群众纪律,秋毫无犯,赢得了人民群众的拥护和支持,使新四军获得了克敌制胜的力量源泉。

(四) 决战时刻:淮海支前与渡江精神

淮海战役的胜利是人民战争的伟大胜利。整个淮海战役期间,华东、中原、华北三大战略区的人民群众共出动民工543万、担架20万副、各种车子88万辆,筹运粮食4.8亿千克,为淮海战役的胜利提供了强有力的后勤保障。邓小平曾赞叹说,后方人民群众的历史功绩同人民军队的辉煌一样,将永远载入史册,值得世世代代称颂。人民群众的英雄壮举形成了伟大的"小推车精神"。安徽是淮海战役的主战场,也是淮海战役总前委所在地,安徽人民为淮海战役的胜利做出了巨大贡献,是小推车精神的主要孕育地。小推车精神内涵丰富,主要包括以下三个方面:

1. 万众一心、同仇敌忾

国民党政府和军队代表的是大地主、大资产阶级的利益,他们利用手中掌握的政权和军权来维护自身利益,以致民不聊生,丧失了人民的支持。中国共产党及其领导下的军队,代表中国广大劳动人民群众的利益,得到了广大人民群众的大力支持,军民团结一心,以忘我的热情、团结一致的步调与敌人展开斗争。在人民群众的支持下,我前线部队吃得饱、穿得暖,战士们感动地说:"我们的父母忍饥挨饿,把好东西都拿出来支援我们,我们一定要打胜仗,彻底消灭敌人,来报答父老乡亲。"

2. 顾全大局、无私奉献

在整个战役期间,华东、中原、华北等地区进行了充分的民众动员,并得到了群众的踊跃支援。在浩浩荡荡的支前人流里,有着多种打扮、讲着多种乡音的乡亲,他们推着小车、驾着牛车、赶着毛驴,按照战役的需求组成了一支强大的支前队伍。后方的人民群众将解放军看作是自己的子弟兵,节衣缩食,支援前线。有的无偿提供车辆参加支前;有的把

自己的银圆借给政府;有的自动把房子拆了,把横梁、门板送给部队做工事;有的把很少的一点点存粮,甚至是仅有的一点谷种拿来供部队食用。

3. 排除万难、不怕牺牲

在前线抢救伤员时,民工们冒着敌军的枪林弹雨和敌机的轰炸扫射,快抢快运,涌现出很多英雄人物和可歌可泣的事迹。宿怀县农民董万仲参加了担架队,临出发前一天,母亲不幸病逝,领导决定让他留下,办理丧事。他却表示:"家事小,国事大,没有共产党,就没有咱穷人的今天,我不能不去。"结果丧事由别人代办,他毅然出发上前线,并在执行任务时表现勇敢,火线入党。有的担架队员在敌机空袭时,奋不顾身,扑在伤员身上掩护伤员,献出了自己的生命。

渡江战役是解放战争时期继淮海战役胜利后,人民解放军对国民党军进行战略追击的第一个重大战役。安徽是渡江战役的指挥中心,总前委先后驻扎在蚌埠孙家圩子和肥东瑶岗村。安徽是渡江战役练兵场、出发地、主战场,人民解放军横渡千里江面,皖江占了八百余里(1里等于500米)。伟大的渡江战役铸就了伟大的渡江精神,安徽是渡江精神的主要孕育和锻造之地。渡江精神的基本要旨主要表现在以下三个方面:

(1)坚定信念、革命到底。渡江战役前,人民解放战争刚刚赢得"三大战役"的辉煌胜利,国民党政权妄图依靠美英等外国势力,实行划江而治,再次玩弄"和平谈判"的阴谋,企图争取喘息时间卷土重来。面对国民党的"和平"烟幕弹,国内一部分人产生了不切实际的幻想,希望革命就此止步;一些中产阶级还建议共产党人把革命战争"立即停下来",反对"除恶务尽"。党内也有人因担心帝国主义武装干涉和长江天堑阻隔,产生恐惧心理。面对各种政治观点,毛泽东同志发出了"将革命进行到底"的伟大号召,表明了共产党人夺取中国革命全面彻底胜利的坚定信念和坚强决心。

(2)军民团结、奋勇争先。渡江战役期间,百万雄师过大江能够气吞万里如虎,根本原因是我们党同人民一条心、军民团结如一人。为了解决部队渡江船只缺乏的难题,沿江北岸一带群众将国民党军南逃时沉入江底、湖底的船只捞上来,将毁坏的船只修补起来。为了筹集船用材料,有的拿出建房的木材,有的老人献出自己的"寿材",仅用半个月时间就提供民船1万多只。上百万民工与部队协同奋战,挖掘、构筑众多船坞,并通过开渠灌水、掘堤引渡、拉船翻坝及陆地行舟等措施,保证了船只隐蔽入江。渡江战役发起时,广大船工踊跃参战。2020年8月,习近平总书记视察合肥渡江战役纪念馆时感慨地说:"淮海战役的胜利是靠老百姓用小车推出来的,渡江战役的胜利是靠老百姓用小船划出来的。"

(3)攻坚克难、勇于牺牲。渡江战役中,国民党军防线有波涛汹涌的长江之水,有装备精良的正规部队,有江防舰队、第二舰队及300余架飞机协同防御。渡江大军以单一兵种对付敌人陆海空立体防线、以小木船来对抗军舰,没有攻坚克难、勇于牺牲的精神,要想取得胜利是根本不可能的。原南京军区司令员向守志回忆当时的场景:敌人的枪弹、炮弹掠空飞舞,构成拦截火网,第三连二排的战士冒着敌人的炮火,纷纷挺身为船工水手遮挡子弹,负伤的班长一面奋勇划桨,一面高喊:"只要还有一口气,就要战斗到底!"

第四节 农村改革建设文化

新中国成立后,中国共产党人在贫瘠落后的基础上开始了社会主义建设艰苦奋斗的新征程,作为唯一有些基础的农业,在支持新中国国民经济恢复、国家发展工业和国防事业以及农业自身改革等方面,做出了

新的贡献,形成了新的乡村文化。安徽作为一个农业大省,不仅养育了牺牲个人、奉献国家的"两弹元勋"邓稼先,也创新了农村建设和改革文化。

一、大力兴修水利与淠史杭精神

1957年冬季,全国掀起了兴修水利的高潮。安徽省从1958年8月起动工兴建淠史杭工程,这是新中国成立后全国最大的灌区工程。该工程建设历时14年,不仅造就了一项宏大的水利工程,而且孕育出伟大的淠史杭精神。这一精神的根本要旨主要体现在以下四个方面:

1. 自力更生

当时淠史杭工程并未纳入国家计划,安徽近百万民工、干部和职工自带工具、自备口粮,成立了近万个水利团和6 400多个突击队、战斗队,自制土炸药,自建水泥厂,自筹石材、木材,用十字镐、独轮车等简单工具,肩挑手抬,完成了近6亿立方米的土方工程。

2. 顽强拼搏

淠史杭工程完全是白手起家建造,面对种种困难,广大建设者土法上马,顽强拼搏,创造了专攻切岭工程的"洞室爆破法"、专攻黄礓土的"劈土法",研制了垂直运输土工具"倒拉器";以"党指向哪里,就打到哪里,就是脱掉两层皮,掉上几斤肉,也要切开平岗岭"的拼搏精神,终于实现了"叫高山低头,要平岗让路"的目标。

3. 牺牲奉献

淠史杭灌区修建时正值共和国历史上最困难的时期。在渠道经过的地方,占用农田、搬迁房屋、迁坟填井、挖压土地等各项工作,都是畅通无阻。龙河口水库施工时,工地附近群众自愿让出1 800多间房屋给民工居住,没有任何补偿与报酬;横排头上游陶洪集为建渠首,1.8万亩(1亩约等于666.67平方米)土地被淹没,没有向国家要一分钱。

4. 科学求实

淠史杭工程渠道设计根据皖西地形特点,打破传统五千分之一比降,创造性地采用两万分之一比降,沿高线布置渠道,实现了灌区80%自流灌溉,节水节能,并采用长藤结瓜式的工程体系,蓄、引、提三种水源相互调剂,实现了水资源的高效利用。刘伯承为淠史杭题词"科学态度、革命精神",正是对淠史杭这一精神的高度凝练。

二 农村改革发源地和小岗精神

20世纪70年代末的安徽凤阳,经济和民生极其艰难。1978年年底的一个夜晚,凤阳县小岗生产队的18户农民悄悄开会,决定分田到户,实行"大包干",由此掀开了中国农村改革的序幕,形成了小岗精神,也称"大包干精神",其主要内容有以下四点:

1. 敢闯敢试、敢为人先

大包干精神的精髓之一就是"闯"字当头、敢为人先的创新精神,走别人没有走过的路和不敢走的路。人民公社体制当年被认为是我国农村的社会主义体制基础,"三级所有、队为基础"的基本制度当时被认为是不可动摇的"金科玉律"。在当时的社会政治背景下,管理体制创新无疑面临巨大的政治风险。以小岗人为代表的安徽农民没有因为风险巨大而放弃改革的尝试,而是发扬了敢闯敢试、敢为人先的精神,敢于以自己的人身自由甚至生命做赌注,成就了中国农村改革的破冰之举。发源于安徽的农村改革迅速走向全国,有力促进了农村体制的创新和市场经济格局的形成。

2. 解放思想、求真务实

1978年,"文化大革命"虽然结束近两年,但"两个凡是"的思想仍然

影响着大家。小岗村"大包干"正是不唯书、不唯上、解放思想、实事求是精神的产物。它不仅赋予农民生产自主权,还给了农民收益分配权,正确地处理了国家、集体和农民个人之间的利益关系,更能够调动农民的积极性,农民欢喜,集体高兴,国家满意,是当时解放农村生产力的有效途径。

3. 风险共担、艰苦创业

在小岗大包干之前,安徽农民就先后进行过包工包产和责任田的尝试,但由于"左"倾思想的压制,均受到批判和否定。因此,小岗村秘密进行"大包干"确实背负了巨大的政治风险。但大包干一年后,小岗大获丰收,粮食总产量达到1966年至1970年总和,油料总产量达到过去20年的总和,23年来第一次向国家缴纳公粮,超额完成国家粮食征购任务7倍多、油料任务80倍多。那份生死契约和小岗村后来的发展,都充分反映了小岗人风险共担、艰苦创业的拼搏精神。

4. 尊重民意、以人为本

"大包干"是小岗人的首创,更是各级党组织尊重民意、以人为本的"民本"思想反映。试想,当时如果没有凤阳县委为了规避"包干到户""分田单干"这些明令禁止的字眼,如果没有滁州地委给"大包干"报户口,如果没有时任安徽省委第一书记万里的支持,如果没有中央的政策,小岗人发起的"大包干"也不可能成功。

(三) 舍小家、顾大家的王家坝精神

王家坝位于安徽省阜阳市阜南县南部,南邻淮河,处于淮河中上游分界处。这里不但有被誉为"千里淮河第一闸"的王家坝闸,还有库容7.5亿立方米的淮河蒙洼蓄洪区。王家坝闸建于1953年,自建成以来到2020年,先后16次开闸蓄洪,蓄洪区内居住近16万人口的村庄和18万亩耕地

反复化为一片汪洋,也因此形成了"王家坝精神"。

王家坝人的无私牺牲和奉献,换来了整个淮河流域的安澜。江泽民、胡锦涛、温家宝等党和国家领导人都曾亲临王家坝,看望当地群众,并对他们做出的巨大贡献给予高度赞扬。2020年8月18日下午,习近平总书记安徽考察的第一站就是这里。王家坝精神的内涵有以下四点:

1. 舍小家、为大家的顾全大局精神

千里淮河流出桐柏山,抵达豫皖两省三县交界处的王家坝,360千米的河道落差是174米;自此而下的640千米,落差仅为22米。这样的地貌,只能有一种结果:上游洪水一泻而下,而下游因为高水位的顶托而排泄不畅、寸步难行。1950年,按照毛主席"一定要把淮河修好"的伟大号召,全国治淮工作会议确立蓄泄兼筹的治淮总方针。从此,从王家坝闸进水的180.4平方千米蒙洼蓄洪区,担负起了舍己为人的责任。每当淮北大堤、能源基地、工矿城市以及京九、京沪交通大动脉受到洪水威胁之际,每当淮河抗洪进入最危急的时刻,王家坝人民就会用一次次开闸蓄洪的壮举诠释"舍小家为大家、舍局部顾全局"的伟大意义。蓄洪区内18万亩耕地反复沦为一片汪洋,牺牲奉献的不仅仅是有形财产,更有王家坝人走上富裕之路的梦想,但是他们却用自己博大的胸怀在滚滚洪水中筑起了一座坚不可摧的精神堤坝。

2. 不畏艰险、不怕困难的自强不息精神

16万王家坝人一次次含泪承担家园被淹的心情背后,是他们保全淮河流域更多人的生命财产安全的无私无畏。王家坝人自有一种积极乐观的态度,面对痛苦,不折不弯,面对灾难,坚韧不屈。无情的洪水并没有击垮王家坝人,他们艰苦奋斗,努力创造,生产自救,谋求发展,水退人进,人进田绿,不留一分白茬地,大力发展柳编、板鸭、黄沙、蔬菜等产业,开展生产自救,特别是利用蓄洪区洼地里随处可见、耐涝经泡的杞柳制

作的上万种柳编产品,远销北美、西欧、东亚、东南亚等多个地区。

3. 军民团结、干群同心的同舟共济精神

王家坝人的牺牲奉献,换来的不仅是他人的敬重和赞叹,更有社会各界的倾情帮助和支持。王家坝开闸蓄洪时,党中央、国务院、各级党委、政府以及社会各界对于王家坝的奉献给予了高度的关注和重视,提供了全方位的帮助与支持。党员干部主动到抗洪一线,成立临时党支部,哪里汛情、险情、灾情最重,哪里最困难、最艰苦,哪里人民最需要,哪里就有鲜红的党旗在飘扬,党员干部成为抗洪抢险斗争的中流砥柱和坚强基石;人民子弟兵冲锋陷阵,视灾情如命令,充分发挥突击队作用,用鲜血和汗水筑起了一道道坚不可摧的钢铁长城;社会各界捐款捐物,一批批带着各地人民深情的资金和物品源源不断地送到王家坝灾区,使王家坝人感到社会主义大家庭的温暖,激励着他们战胜洪灾、重建家园的坚强信念。

4. 尊重规律、综合防控的科学治水精神

淮河是新中国成立伊始确定的第一条全面治理的河流,历届政府均投入了巨大力量进行治理建设。如今,淮河已初步形成由上游水库、分洪河道、行蓄洪水、临淮岗洪水控制工程等组成的防洪减灾工程体系,已经建起5 000多个监测站,采集信息完全由短波设备自动检测完成,淮河上空基本形成了卫星、雷达监测网络,可以全天候监测雨层分布和强度。依托国家防汛抗旱指挥系统,安徽还建立了远程监控和会商系统,可随时监测各重要闸坝情况,组织异地防汛会商。通过统一规划、提供建房补助,行蓄洪区群众搬到了"保村圩""避水庄台"或移民迁建。蓄洪区启用时,再也不用临时转移群众。

第三章 强主体与硬设施：责任主体 振兴载体

乡村文化振兴是一项充满困难和挑战的工作，困难和挑战很多，主要来自人口流失和载体缺失两大方面。随着社会经济发展、城镇化程度提高和高校大规模扩招，进城上学、打工就业和定居生活的人口越来越多，农村人口越来越少，尤其是文化程度高的年轻人越来越少，生活在农村的多为留守老人和留守儿童，形成乡村人口结构的断层和乡村文化振兴的主体缺位。与人口流失密切相关的还有乡村文化基础设施的破旧荒芜、乡村文化产品与服务供给不足，造成了乡村文化振兴的载体缺失。乡村文化振兴必须迎难而上，强主体、硬设施，解决好责任主体难题和振兴载体难题。

第一节 乡村文化振兴的责任主体

从地域范围上来讲，乡村文化振兴首先是乡村文化在乡村地域的振兴，这是本源意义上的乡村振兴。其次，乡村文化振兴还可以是乡村文化在城市地域的振兴，随着乡村人口向城市迁移，尤其是出生在农村的新城市人，在被城市同化的过程中也会向城市输入乡村文化，而随着城市建设理念和实践的转变，山水城市、海绵城市、生态城市的建设也吸收了很多乡村文化元素，呈现出乡村自然风貌。当然，我们这里主要讨论的是乡村地域的乡村文化振兴。乡村文化振兴是党和政府的号召，要充

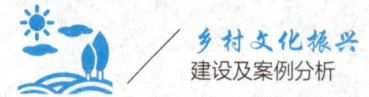

分发挥党建引领、政府引导在乡村文化振兴中的领导性作用；乡村农民和乡镇居民，是乡村文化振兴的受益者，应该积极投身于乡村文化振兴，担当乡村文化振兴主力军的作用；城市工业要反哺乡村农业，运用回报情怀和市场机制，担当乡村文化振兴生力军的作用；社会公益事业单位也应该深入乡村，助力乡村文化振兴，践行公益事业的初心使命。

一 党建引领 政府引导

2020年9月17日，习近平总书记在湖南长沙主持基层代表座谈会，会上总书记指出："要加强和改进党对农村基层工作的全面领导，提高农村基层组织建设质量，为乡村全面振兴提供坚强政治和组织保证。"

乡村振兴工作是基层党组织尤其是乡村党组织当下最重要的工作，不仅关系到乡村本地的社会经济文化发展，而且关系到全面建设社会主义现代化国家，不仅具有自身微观意义，而且具有国家宏观意义。各级党委和党组织都要加强领导，为实现乡村振兴提供坚强的政治保障。党中央、上级党组织和政府为乡村振兴提供了政治方向、政策保障、组织保障和物质保障，乡村基层党组织一定要用好党和国家赋予的时代机遇和政策支持，扎实推进乡村振兴工作。乡村文化振兴是乡村全面振兴中的重要一环，是乡村振兴中具有先发作用和全面影响作用的一环，要作为乡村振兴工作的重中之重抓紧抓好。

乡村文化振兴是党的号召，也离不开党的正确领导。中国革命和建设的历史早已证明了中国共产党在思想武装、群众动员、文化引导方面的杰出能力。在当下乡村文化振兴工作中，党组织是最重要的领导力量，在乡村文化振兴工作中坚决不能脱离党的领导，否则就会犯方向性、战略性错误。

党在乡村文化振兴中的领导作用，一是表现在党中央对乡村文化振兴的总体布局、顶层设计和方向指引上;二是表现在各级政府在各项乡村文化振兴工作的政策指导、项目规划和实施、组织动员和资金支持上;三是表现在基层党组织将党的建设和乡村文化振兴工作紧密结合起来上,通过加强党建,引领和促进乡村文化振兴。党的建设是一项永远在路上的工作,但是党的建设也不是一项仅仅局限于党的思想、组织等纯党务方面的工作,不是就党建而做党建,不是为党建而做党建,而是一项结合社会经济文化等方面的工作,要结合社会经济文化工作抓党建,抓党建促进社会经济文化工作,这样才能把党建工作落在实处,取得实效,这样才能体现党建工作的实际意义。在脱贫攻坚取得全面胜利以后,乡村振兴是乡村最重要的工作,是"三农"工作的总抓手,因而是乡村党建工作的最重要的核心内容。

在乡村基层党组织紧抓党建工作引领乡村文化振兴工作中,第一,要加强基层党组织成员自身文化水平建设,加强自身文化修养,提升文化认知水平,要认真学习党中央对于乡村振兴工作的全面部署和对乡村文化振兴工作的具体要求,并通过组织学习班、文化培训活动、民主生活会等形式开展文化学习,保持基层党组织的文化先进性。乡村基层党组织是离乡村人民群众最近的党组织,代表着党在乡村群众中的光辉形象和权威力量,必须保证其政治和文化方面的先进性;第二,要掌握当地乡村文化资源和文化特色,要对当地文化进行收集分析整理,筛选出具有正能量、符合主旋律的优秀文化,明确给予弘扬振兴的性质定位,分离出具有封建迷信色彩的、属于陈规陋习的陈旧文化,明确给予移风易俗的性质定位;第三,要采取灵活多样、符合当地实际、具有当地特色的有效方法,通过党建引领深入细致的群众工作,富有成效地、持续深入地推进乡村文化振兴工作。

党建引领脱贫攻坚是实现全面小康的成功经验,将党建引领运用到乡村文化振兴工作方面是成功经验的运用推广，相信在不远的将来也会创造出很多成功的案例。

大湾村曾是安徽省金寨县最为贫困的山村之一。2016年4月24日，习近平总书记带着对老区人民的无限牵挂，来到大湾村考察脱贫攻坚情况，要求各级党委和政府怀着对人民的热爱、按照党中央提出的精准扶贫要求，打好脱贫攻坚战，让老区人民过上幸福美好生活。六年多来，大湾村干部群众牢记嘱托、拼搏奋斗，在脱贫攻坚、乡村振兴的"考试"中交出了胜利答卷。

"农村富不富，关键看支部。干部强不强，关键看头羊。"大湾村扶贫工作队从驻村开始，就重点建设基层组织，抓"两委"班子建设，打造"脱贫攻坚领头雁"，带动村民立志脱贫、勤劳脱贫。"大湾村一户不脱贫，我坚决不撤岗！"村第一书记余静当年的这句话，真实表达了大湾村党员干部的决心和信心。村里建起了党员、积极分子、能人大户等联系帮扶贫困户机制，调动村民的积极性主动性创造性，取得明显成效。大湾村一名村干部说，这几年村里最可喜的变化，是群众的"精气神"被激发出来了，以前村民们没有自信，如今个个充满干劲，越来越多的人争当脱贫致富带头人。过去的大湾村，"支部讲话无人听，党员创业无人跟"，现在，比勤劳、比致富成为新风尚。党组织成为大湾村脱贫攻坚的坚强力量，2021年6月，村党总支获得"全国先进基层党组织"称号。图3-1为大湾村如今的新面貌。

图3-1　安徽省金寨县大湾村新貌（图源：金寨县委宣传部）

第三章 强主体与硬设施：责任主体 振兴载体

二、农民主体 发力受益

尽管随着城镇化的发展和农业生产效率的提高，农村户籍人口和农民人数总体在减少，但在农村人口中，农民的数量还是占绝大多数；因此广大的农民群体自然就应该是乡村文化振兴的主体，他们是乡村文化振兴的主力军。但是，由于农民职业、文化程度和年龄等方面的原因，农民群体对于自身在乡村文化振兴中的角色身份和行为作用，常常缺乏清晰的认知，因而影响了他们在乡村文化振兴中的行动作为。为此，我们需要纠正农民朋友中存在的三种不正确的意识，树立三种正确的意识，从而发挥农民自身的主体力量，推动乡村文化的振兴。

1. 要克服事不关己的无关意识，树立事关自己的主体意识

可能和很多城里人的观点一样，大多数农民朋友也认为自身是乡村社会中最没有权力、最没有影响力的弱势群体，乡村文化振兴是与他们无关的事情，是乡村干部们的事情，因而"事不关己，高高挂起"，因而"袖手旁观""群体围观"。但是，没有农民的乡村文化振兴，没有农民广泛参与的乡村文化振兴，没有农民在乡村文化振兴中的普遍受益，就不可能实现真正意义上的乡村文化振兴。只有广大农民集体参与到乡村文化振兴中来，成为乡村文化振兴的主要力量，并通过亲自参与乡村文化振兴工作且从中获得思想观念的升华、精神信念的坚定、文化知识的提升、文明风气的更新和陈规陋习的改变，才是乡村文化振兴真正的目的和效果所在。所以，广大农民朋友一定要树立乡村文化振兴的主体意识，把自己当成是乡村文化振兴当仁不让、责无旁贷的主体，而不是"看客"或"过客"。

乡村干部也要重视农民朋友在乡村文化振兴中的主体作用，不能认为农民在乡村文化振兴中没有多大作用，在乡村文化振兴工作中越过农

民群体,"越俎代庖",不能认为发动农民开展乡村文化振兴工作效率低效果慢,在乡村文化振兴工作中宁愿自己辛苦点、多干点,或者通过外部化市场化的力量来快速实现乡村文化的振兴。这样的想法和做法,或许能解决一些乡村文化振兴中的文化设施建设、环境卫生村容村貌改变等物化层面的问题,但却难以改变农民群体内心深处和精神层面的文化振兴问题,虽然工作很辛苦、很劳累,但却没有触及心灵的文化振兴实质性效果。因此,乡村干部自身要认识到农民在乡村文化振兴中的主体地位,并帮助农民树立文化振兴的主体责任。

2. 要克服有心无力的无奈意识,树立事在人为的担当意识

除了乡村干部没有充分认识农民朋友在乡村振兴中的主体地位,广大农民朋友也认为自己文化程度低,干不了文化振兴这种需要文化的大事难事,即便愿意参与乡村文化振兴这样有意义的工作,也是"心有余而力不足"。诚然,文化程度高低与乡村文化振兴工作能力有一定的联系,文化程度越高,越有利于开展乡村文化振兴工作。但是,一个人的受教育程度、文化程度与其思想境界、文明修养并不能完全画等号,在乡村也不乏一些读书识字少但精神境界高、乐于助人、乐于奉献的憨厚大伯和善良大妈,在城市也不乏一些文化程度高但思想境界不高的"精致的利己主义者",通俗地说,是"有文化、没教养""识字多、懂事少"。这两类人在文化传承和文化振兴中的作用,完全不可同日而语。虽然有些农民朋友存在文化程度不高的不足,难以承担文化艺术设计与创作以及书面化的文化传播工作,但却可以通过口口相传、言传身教等方式参与到乡村文化振兴中来,通过良好家风、文明乡风的潜移默化的传承教育感染家庭子女和乡邻乡亲,可以通过自身动手能力强的优点,参与到乡村文化振兴的基础设施建设上来,为乡村文化振兴打好物质基础。因此,要树立事在人为的担当意识,无论文化程度高低都可以在乡村文化振兴中做

出成绩,只是分工有所不同。

3. 要克服被动配合的消极意识,树立主动作为的积极意识

"缺乏资源""忙于生计",是很多农民朋友的现实生存境况。这种境况确实给农民朋友全情全力投入乡村文化振兴工作带来了一定的客观困难,因而造成一些农民朋友只是被动配合乡村文化振兴,而不是主动积极作为的状况。要改变这种状况,一是要转变农民朋友的被动观念、增强农民朋友的主动观念,主动观念的建立往往能够驱动主动作为的行动;二是要增强农民朋友在乡村文化振兴中的获得感、价值感和幸福感,通过乡村文化振兴成果进一步对农民朋友的乡村文化振兴行为形成正向激励;三是要摆正农民朋友在乡村文化振兴中的角色位置,不给农民朋友太大的压力,形成农民朋友的精神负担。我们说"农民朋友是乡村文化振兴的主体角色"没错,但这并不意味着农民朋友是乡村文化振兴的唯一主体角色,所有乡村文化振兴工作,都必须压在农民朋友身上。在乡村文化振兴工作中,我们还要整合多方面的资源和力量,发挥党和政府的领导和引领作用,发挥城乡市场主体和资本的力量,为乡村文化振兴提供产业和项目资源支持。这些力量的加持,根本的目的和作用应该是使农民朋友这个主体在乡村文化振兴中获得实际收益。

(三) 市场参与　规范运作

乡村文化振兴主阵地在乡村,受益者主要在乡村。乡村文化振兴也是社会主义现代化建设的一个重要组成部分,没有农村的现代化是不完整的现代化。因此,作为乡村振兴国家战略一部分的乡村文化振兴工作,就不仅是乡村基层党政干部和乡村居民的责任,还需要组织和动员城市社会资本的力量,运用市场机制参与乡村文化振兴工作。

1. 市场参与乡村文化振兴大有必要

在中国特色社会主义市场经济条件下,乡村文化振兴要在发挥党和政府引领作用和农民自身的主体作用的基础上,发挥市场在配置资源中的决定性作用,要在农村之外的城市资本市场寻求力量资源,要充分运用市场机制作用,吸引城市的市场和资本参与乡村文化振兴工作。从中国社会经济建设发展过程来说,在中华人民共和国成立初期和工业化发展过程中,农业、农村和农民做出了历史性的伟大贡献,现在已经到了城市反哺乡村、工业回报农业的历史时期,城市和工业有社会道义、社会责任参与乡村振兴工作,为乡村文化振兴贡献一份力量。从城市和工业自身发展来看,城市市场已经非常饱和,接近增长瓶颈,需要在乡村市场开辟新的市场增长点,因此城市和工业有经济动力、经济压力参与乡村振兴工作,客观为乡村文化振兴贡献力量,主观也为自身获得经济效益回报。

2. 市场参与乡村文化振兴大有作为

乡村人口虽然随着城镇化率的提高在下降,但由于人口基数大,乡村仍然是一片广阔的市场,能够为城市工业带来丰厚的市场回报;因此在城市市场攻城略地之后,下沉到乡村市场就成为城市工业的基本市场运作路径。更加别有意境和广阔想象空间的是,乡村具有丰富的物质文化和精神文化资源,能够为市场和资本带来新的建设项目和新的效益来源。

乡村文化是优秀传统文化的根,是优秀民族文化的魂。城市市民在闲暇时间增多、精神文化消费需求增强的社会发展和文明进步的背景下,寻根问祖的精神追求、修身养性的文化消费、放松心情的文旅消费会快速增长,成为时尚消费和主流消费。而这些消费的目的地,很多会指向乡村。因为名山大川等自然景观多在乡村,名胜古迹等人文景观多在乡村,红色文化更多在乡村,宗教圣地也大都隐于远离城市喧嚣的乡村。因此,参与乡村文化振兴是城市资本实现增值的新途径,大有发展空间和获利空间,能够大做文章,能够大有作为。因此,乡村文化振兴工作一定能够吸引到市场和资本参与,很多地方已经有很多成功案例。

3. 市场参与乡村文化振兴大有讲究

市场和资本在乡村文化振兴中要规范运作,要做到物质利益和精神利益、经济效益和社会效益、长期效益和短期效益兼顾。资本都是逐利的,追求回报是资本的本性。我们要合理利用,通过市场机制和价值回报吸引资本投向乡村文化振兴,新办、新建乡村文化项目,不能仅仅打着感恩情怀和道义责任的旗号和口号,要求资本广泛而长期地不求回报地以慈善方式投入乡村文化振兴,这是资本不可能做到的。但是,也不要为资本参与乡村文化振兴设置"红灯",要有序规范健康运营,具体要注意以下几点:

一是要坚持正确的政治导向、民族导向和价值观导向。在乡村文化振兴建设项目和乡村文化旅游活动中,弘扬民族精神和民族志向,不能为了追求物质利益而搞文化猎奇,不能搞西方文化渗透。

二是要兼顾经济效益和社会效益。要把服务"三农"、服务乡村振兴放在重要位置,不能打着赋能乡村文化振兴的旗号盘算着自身的经济利益。比如有些电商运营机构在农产品销售中大打感情牌,以水果蔬菜丰收积压为名进行"卖惨营销",实际是以次充好,谋求私利,还影响了农产品品牌形象。农村青年李子柒创作的田原美食系列短视频获得广泛关注,在传播中华传统美食文化和非遗文化方面获得了成功。2019年8月,李子柒成为成都非遗推广大使,2022年6月,获2021"中国非遗年度人物"称号,但之后却成为资本的获利工具。2021年10月,李子柒在央视《鲁健访谈》接受采访时表示,想用自身的影响力推动乡村振兴,为老百

姓增收，做好非遗传统文化的传播和推广，特别强调希望能够正确引导青少年的价值观，不希望年轻人都想着去当网红。

三是要兼顾长期效益和短期效益，坚持可持续发展。参与乡村文化振兴是一件利在千秋功德无量的事情，政府为此设立了很多资金项目进行支持。切不可为了获取政府项目资金大搞短期行为，结果短期很光鲜，长期很难堪，留下一个大窟窿和一副烂摊子。

（四）乡贤支持　乡情传递

"乡贤"原指在本乡本土有德行、有才能、有声望而深受本地乡民尊重的贤人。乡贤文化是中华优秀传统文化的组成部分，是源自中国乡村的母土文化。在中国古代乡村文明发展进程中，一些在乡村社会建设、风习教化、公共事务中做出突出贡献，得到乡民共同认可和尊重的有识之士被尊称为"乡贤"，由此而形成了乡贤文化。唐朝《史通·杂述》记载："郡书赤矜其乡贤，美其邦族。"明朝朱元璋第十六子朱栴撰《宁夏志》列举乡贤人物，开始建乡贤祠。凡进入乡贤祠的人既要有"惠政"，又要体现地方民众的意志。

"乡贤"还指从乡村走出来的社会精英，或做官从政，或参军领兵，或求学治学，或行医治病，或创业经商，各自成为行业知名人士。他们虽然定居城市甚至移民海外，但不忘乡情、心系故乡，以自己的经验、学识、专长、技艺、财富以及文化修养回馈故乡，甚至直接告老还乡服务乡亲。这些乡贤又被称为"新乡贤"。这些新乡贤不仅具有传统乡贤的一般特征，如乡土情怀、道德品行、伦理情操等，还有乡村社会所没有的最新科学技术、崭新文化视野、高端社会资源，能够为乡村振兴尤其是乡村文化振兴带来新观念、新思维、新资源、新项目。他们身上散发出来的文化素养、道德力量可教化乡民、反哺桑梓、泽被乡里、温暖故土，对凝聚人心、促进和谐、重构乡村传统文化大有裨益。

2015年,"乡贤文化"被写入和"加强农村思想道德建设"有关的中共中央一号文件之中,明确要求"创新乡贤文化,弘扬善行义举,以乡情乡愁为纽带吸引和凝聚各方人士支持家乡建设,传承乡村文明"。此后,各地在创建乡贤文化助力乡村文化振兴方面开展了卓有成效的工作。

山东省2018年在推动乡村文化振兴工作方案中提出积极培育新乡贤文化,制定山东省培育和弘扬新乡贤文化工作方案,明确新乡贤文化建设思路,推动建设一批乡贤馆,弘扬传播新乡贤文化,打造"举乡贤、颂乡贤、学乡贤、礼乡贤"文化风尚,培育发展新乡贤理事会等新乡贤组织,探索引导新乡贤依法参与乡村治理,促进乡村经济发展与社会和谐。

河南省兰考县发明了"四心"乡贤工作法:①以组织建设"凝心"。以"乡愁、乡情、乡贤"为纽带,积极探索"1+3+5"乡贤工作新模式,即组建1个镇级乡贤联谊会、3个村级乡贤参事会,组建致富、和事、智囊、公益、志愿5个功能团。②以联谊活动"知心"。乡贤会每年组织乡贤参加不少于两次"兰考人看兰考"观摩活动,通过亲身感受家乡发展变化,激发建设家乡激情。建立班子成员结对联系重点乡贤机制,班子成员在中秋节、春节登门走访乡贤及其家属,进一步拉近乡贤与家乡情感联系。③以回归工程"连心"。吸引在外乡贤积极返乡创业,助力产业发展,推行招商引资"五个一"工作机制,即一个项目、一个方案、一名领导、一套班子、一抓到底,切实抓好乡贤回归项目建设。④以公益助村"暖心"。积极搭建反哺平台,设立关爱基金。充分发挥广大乡贤爱国爱乡、报效桑梓的优良传统,引导新乡贤在养老助老、爱心帮扶、文化教育等领域积极作为,广泛开展助医、助学、助困等公益活动。

陕西省白河县创建"乡贤+"模式汇聚乡村正能量。①"乡贤+文化"营造文明新风尚。城关镇推动移风易俗,树立文明乡风。各村组织完善

村规民约,凭借道德评议会,带头去除陈规陋习,倡导文明新风。通过乡贤们的行动示范,乡风民风得到了进一步好转,婚丧嫁娶大操大办等陋习明显减少。截至目前,各村(社区)乡贤人士代表累计协助制定完善村规民约16条,成立村(社区)监督小组16个。②"乡贤+调解"促进社会治理更和谐。各村通过会聚民间有威望、会管事的老党员与"帮大哥"等各类乡贤,将乡贤加入人民调解员队伍,处理了大量涉及信访纠纷的大事小情,实现了"小事不出村,大事不出镇"。乡贤调解队伍不断壮大,全镇拥有乡贤调解员50余名,大量苗头性问题得以在本村化解。③"乡贤+经济"带领村民齐致富。城关镇以乡情乡愁为纽带,积极鼓励和引导在外创业成功人士、经济能人等新乡贤回家乡创业,扶持各村有发展意愿、经营能力的能人志士,发挥乡贤示范引导作用,带动更多的贫困群众脱贫致富。

(五) 多方发力 公益助力

乡村文化振兴还需要发挥中国特色社会主义制度的优越性,动员新闻出版、文化传媒、演出演艺、高等学校、科研机构、图书博物、健康医疗、咨询智库、群团组织、行业商会协会、社会志愿组织等,利用各自优势支持乡村文化振兴工作。

总结起来看,为全面实现乡村文化振兴,需要构建"一核多元"的乡村文化振兴主体。"一核"就是要充分发挥党和政府的领导核心作用;"多元"就是要以广大农民为主体,整合市场与资本、新乡贤群体和各类社会组织,各展其长,协同发力,共同推动乡村文化振兴和文化繁荣。

第二节 乡村文化振兴的硬件建设

文化传承需要借助一定的物质载体,乡村公共文化硬件设施建设能够为乡村文化振兴提供物质保障,在乡村文化振兴工作中,需要重视和加强乡村公共文化硬件设施建设工作。

一、强化乡村公共文化设施建设

1. 乡村公共文化服务体系建设的基本情况

2005年,中共中央办公厅、国务院办公厅联合印发《关于进一步加强农村文化建设的意见》,乡村公共文化服务体系建设进入快车道。

2006年至2010年的"十一五"时期是我国文化建设的创新发展期,政府加大了农村公共文化服务设施建设的投入,实施了广播电视村村通、乡镇综合文化站、送电影下乡、流动综合文化服务车四大文化惠民工程,加大了农村和农业报道的分量,增加了农村节目栏目和播出时间,重点资助农村题材影片的剧本创作和拍摄制作,加强"三农"读物出版工作,推动"农家书屋"建设。

2011年至2015年的"十二五"时期,尤其是党的十八大以来,党中央、国务院高度重视公共文化服务体系建设,农村公共文化服务体系建设得到了进一步加强,资源得到合理配置。通过政府采购、项目补贴、定向资助、贷款贴息、税收减免等政策措施鼓励各类文化企业参与公共文化服务,积极推动文化单位面向农村提供流动服务、网点服务,大力支持各类演艺团体深入农村演出。全力推进广播电视村村响户户通升级工作,全面推广"农家书屋"工程,加快提升农村公共数字文化服务能力。

2016年至2020年的"十三五"时期,"公共文化服务体系基本建成"被纳入"十三五"经济社会发展主要目标,按照普惠性、保基本、均等化、可持续的基本要求,加快构建现代公共文化服务体系。①加强资源整合,统筹建设集文化宣传、党员教育、科普普法、体育健身等于一体的乡镇和村综合性文化服务中心。②完善公共文化服务布局,建设农村公共文化基础设施,落实农村应急广播体系和电影放映长效机制的建设,乡镇(街道)综合文化站设施建设基本达标,每个行政村都建有综合性文化服务中心。③积极引导老少边贫地区公共文化服务与国家脱贫攻坚战略相结合,深入实施文化扶贫项目,推动老少边贫地区公共文化跨越式发展。

2. 强化乡村公共文化设施建设的工作重点

从上述情况来看,我国农村公共文化设施建设经过近20年的努力,基础设施的标准化等目标基本实现,为乡村文化振兴奠定了良好的基础;但乡村公共文化设施建设在地区之间还存在不均衡性,在运行效率和作用效果方面还存在较大提升空间,在利用网络技术和智能技术升级乡村公共文化设施建设方面还需要与时俱进。

今后一段时期进一步强化乡村公共文化设施建设的工作重点是:①从乡村经济发展、社会进步、精神文化生活升级的目标出发,高度重视乡村文化设施建设,将其纳入乡村发展基础规划,不断加强文化基础设施投入。②要在乡村公共文化设施建设标准化的基础上,因地制宜地推进乡村公共文化设施建设特色化,比如建设乡村博物馆、乡史馆、村史馆等文化场馆,使其成为看见乡愁、留住乡情、维系乡民的精神符号,成为传承和振兴乡村文化的现实课堂。③加强乡村文化大院、文化礼堂、农家书屋、电影放映场所建设升级,打造乡民娱乐休闲、文化消费、精神交流的兴趣地与聚散场。④持续改善乡村学校硬件设施和办学条件,将乡村学校建设成为乡村最漂亮的建筑。⑤根据乡村留守老人多、老年人口比例大、老年人闲暇时间多、文化程度不高和出行不便的特点,设计建设适合老年人的乡村文化活动场所,或者对现有文化活动场所进行适老化改造。⑥建设数字文化广场、增加无线网络覆盖,吸引年轻人进场开展文化活动。⑦利用乡村公共文化设施,发展乡村文化产业,利用古民居、古遗址、古村落、古街发展乡村文化产业项目,打造乡村文化品牌,对乡村公共文化设施建设形成经济支持。

(二) 强化乡村文化遗产修复保护

乡村文化源远流长,不仅为中华民族提供了丰富的精神滋养,还留下了宝贵的乡村文化遗产,如曲阜"三孔"、万里长城、京杭大运河等众多文物古迹,古琴艺术、木版年画、剪纸等丰富的非物质文化遗产,以及分布在全国各地的各有特色的传统村落、民族村寨、传统建筑、农业遗迹、灌溉工程遗产等。据统计,我国拥有世界遗产53处,名列世界前茅;39项非物质文化遗产项目入选联合国教科文组织名录,位列世界首位;15个项目入选全球重要农业文化遗产保护名录,居世界第一。乡村文化遗产就像一部部厚重的文化典籍,承载着先辈的智慧创造与文化记忆,传承着独具地域特色和民族风格的乡村文化。依托这些丰富而又宝贵的文化遗产,中国连绵几千年发展至今的历史从未中断,创造了世界上独一无二的文明奇迹。

乡村文化振兴必须强化乡村文化遗产的修复保护,不能让乡村文化遗产随着时间推移消失,不能让乡村文化遗产在风霜雨雪的侵蚀下破败消损。党和国家高度重视文化遗产保护工作,已经建立了完善的国家、省、市、县四级文物和非遗保护体系。我们要在这个体系框架之下,努力做好乡村文化遗产修复保护工作。实施传统文化乡镇、传统村落及传统建筑维修、保护和利用工程,划定乡村建设的历史文化保护线,分批次开

展重点保护项目规划、设计、修复和建设,加强历史文化名镇、历史文化名村、传统民居、古树名木保护。整理保护有地方特色的物质文化遗产,传承保护传统美术、戏剧、曲艺、民间舞蹈、杂技和民间传说等非物质文化遗产,鼓励支持非物质文化遗产传承人、其他文化遗产持有人开展传承、传播活动。挖掘和保护民间音乐、地方戏种、农耕文化、优秀习俗等乡村文化,利用先进的数字媒体技术建立数字影像馆,实施对乡村文化遗产的数字化保护。

粉墙黛瓦的古民居是徽州文化的一扇窗,也是了解徽州历史的活化石。作为徽州文化的核心发祥地,黄山市拥有"中国传统村落"271个,其中西递、宏村入选世界文化遗产名录。

然而,20世纪60年代,黄山市屯溪近郊的篁墩村,明代古建被推倒埋于地下,直到50多年后才重见天日;1996年,休宁县黄村,清代老宅荫余堂所有的木件、砖瓦、门墙、石板、家具等,全被拆运到了美国。还有许多村民拆旧建新,将古建构件随意拆卖,木料当柴火焚烧……"早些年流失的皖南古建,足以再建一个宏村",2001年,一家媒体曾用这样的标题,呼吁各方对徽州古建加强关注。

从2009年起,黄山市开始实施"百村千幢"古村落古民居保护利用工程和徽州古建筑保护利用工程,先后出台《古民居保护暂行办法》《古村落保护利用暂行办法》,对所有名镇、名村、名街编制保护规划,实行清单管理。设立徽州古建筑保护开发基金,引导社会资本以租赁、承包、联营、股份合作等形式投资保护利用,探索出政府主导国企经营、财政扶持民企经营、国企开发村企合作、省外独资村级协助、民企收购异地保护、多方集资整体提升等模式。

近年来,黄山市采取多项措施,推进国家传统村落集中连片保护利用示范市建设,让古韵与今风和谐共生,保护与发展互促共进,让传统村落在乡村振兴中"活"起来。一幅幅生态美、产业兴、农民富的"新安山居图",正徐徐展开。不仅要留下来、活起来,还要相互赋能、共生共赢。从百村千幢到集中连片保护利用,黄山对传统村落保护利用的思路,从"点"扩展到"面"上,聚焦"一环三片",重点发力137个传统村落、350平方千米的集中连片保护利用,围绕美丽公路、旅游驿站、景观节点、产业集群等"连接环",试点新安江百里大画廊及源头片区、古徽州文化旅游片区、世界文化遗产拓展保护片区,着力打造"生态美景环"和"村庄富裕环",在新业态与新模式中,探索绿水青山向金山银山的转化。

黄山市将传统村落保护利用工作与乡村振兴战略有机结合起来,既抓好单体古建筑周边环境整治,也抓好古村落、古街区保护利用过程中的整体生态修复、基础设施建设,以此改善当地村容村貌和村民居住环境,促进传统村落在生态中保护、在业态中利用。坚持政府主导与市场运作、社会参与相结合,大力发展乡村旅游、徽州民宿、康养度假、非遗文创等特色产业,实现静态保护向活态传承转变,使传统村落成为乡村振兴的"聚宝盆"、农民增收的"摇钱树"。在黟县,44个"中国传统村落"中,由古民居、古建筑改建的民宿客栈,直接提供就业岗位近3 900个,间接带动2万人增收。

黄山市计划到2023年,完成5个区县内1 000处不可移动文物、1 000幢历史建筑的挂牌保护,分区分类完成137个传统村落的集中连片保护利用,带动231个行政村发展,并致力于将"望得见青山,看得见绿水,记得住乡愁"塑造为该市传统村落最鲜明的标识,着力打响"田园徽州""村落徽州""烟雨徽州"三大传统村落品牌,努力打造传统村落集中连片保护利用示范市"全国样板"。

三 丰富乡村文化产品创作供给

乡村文化产品属于公共服务产品,具有公益性质,对于满足乡村群众精神文化消费、促进乡村文化振兴乃至乡村全面振兴,都具有明显的实际意义。各级党组织和各级政府要重视和加强乡村文化产品与文化服务供给,通过政策规定、舆论引导、资金扶持、组织动员等手段,整合政府资源和社会资源,引导新闻出版、广播电视、报纸杂志、演艺团体等事业单位,鼓励文化艺术、网络信息、戏剧文学、音乐杂技等民间组织,组织艺术家和文艺工作者深入乡村、体验乡村文化生活、开展乡村文化产品创作和服务,为乡村文化振兴提供数量充足、格调健康、品位对味、内容通俗、形式活泼的乡村文化作品。

具体来说,在繁荣乡村题材文艺创作方面,要加强选题规划和政策扶持,探索建立乡村文化题材创作资金政策保障机制和作家艺术家下基层挂职锻炼制度,组织作家艺术家开展采访采风活动,筛选一批重点优秀作品,在出版、展示、推介等方面给予资金扶持。发挥作品奖和演职员奖等文艺奖项的导向性作用,打造自下而上的群众文艺作品选拔提升平台,引导群众性文学戏剧、音乐曲艺、舞蹈杂技、美术书法艺术创作,加大对农村题材文艺作品创作的扶持力度。

在提高公共文化服务供给质量方面,要深入开展"服务基层、服务农民"活动,推动文化资源向基层农村倾斜,推进省、市、县三级联合购买文化惠民演出,建设网上综合服务平台,创新政策扶持和资金投入办法,引入竞争机制,以奖代补,激发各类文艺院团、演出机构、演出场所发展活力,满足农民群众日益增长的精神文化需求。

要坚持党管媒体、党管文化的基本原则,为乡村文化创作把握正确的政治方向和精神导向。党领导下的新闻媒体在文化作品创意制作、发行播放等方面发挥主力军和主阵地的作用,为振兴优秀传统文化、传承优秀乡村文化、弘扬红色革命和建设文化起到强大的引领带动作用。2021年建党100周年,按照党的宣传部门重大选题规划,中央和地方广播电视台主导拍摄制作的重大革命历史题材电视剧《觉醒年代》《大决战》,对于在全国范围内、城乡各年龄层人民群众都是具有重大意义的历史教育和文化感染。近年来,中央广播电视总台创意、制作和播出的《中国诗词大会》《典籍里的中国》,河南广播电视台的《唐宫夜宴》《中秋奇妙游》《元宵奇妙游》等节目对于弘扬中华优秀文化,起到了良好的效果,收获无数好评。2020年10月,河南广播电视台还将新农村频道更名为河南广播电视台乡村频道,进一步聚焦乡村文化和乡村振兴。社会文化组织和文化艺人也要发挥体制机制优势,深入乡村生活实际,发掘乡村文化内涵,创意创造乡村文化作品,更好服务乡村文化振兴。

在江西省景德镇市浮梁县臧湾乡寒溪村,一场名为"艺术在浮梁"的展览把这个普通的村庄变成了一个远近闻名的"没有屋顶的美术馆"。乡村文旅创作者植根乡土进行艺术创意,将各类艺术景观设置在田地之间,让游客在看展的同时也经历一次乡村文化之旅。

2020年秋,浮梁县开始实施"乡创特派员制度",以文化带动乡村振兴。乡创特派员进驻了寒溪村,与村民交流,挖掘村庄故事,以当地的农具、器具、田野、茶园、旧屋和场院为载体,创意设计文化艺术作品,把这个普通的村庄打造成了一个艺术的田野。比如,从村民家里搜集来的腌菜缸、粮斗等组成"记忆的容器",竹林茶园间长出一个空中"鸟巢",村庄给予艺术家们丰富的灵感,艺术也增添了村庄的活力。

2021年,"艺术在浮梁"举办了春秋两季展览,来自5个国家和地区的34名艺术家创作了27件艺术作品。除特别展期外,"艺术在浮梁"也保持常规运营。日常生活中,行走村庄,就仿佛走在自然与艺术相交融的"开

放式展馆"中。

文旅融合激发了村庄活力。办展之前这里没有一家饭店、民宿。如今,村集体和项目团队合作成立了一家文旅公司,打造出"拾八方"品牌,专门售卖各类艺术衍生品和土特产,村民也开起了餐厅、民宿、小卖部等。2021年,村里累计接待游客20万人次,增收近百万元,带动村民就业200余人。依托"一户一景点,一村一画面",艺术的介入成为乡村振兴的"助推器",让寒溪村成为"好看、好听、好味道"的地方。

(四)完善乡村文化人才队伍培育

习近平总书记2022年4月在海南考察时指出:"推动乡村全面振兴,关键靠人。要建设一支政治过硬、本领过硬、作风过硬的乡村振兴干部队伍,吸引包括致富带头人、返乡创业大学生、退役军人等在内的各类人才在乡村振兴中建功立业。要强化农村基层党组织建设,充分发挥基层党组织战斗堡垒作用。"

人才是文化的承担者与创造者,是乡村文化振兴的根本。培养乡村文化人才的主要工作是培养乡村本土人才。对于本地文化能人,无论是音乐能手、工匠艺人还是网红达人,都应该给予其尊重与鼓励,提升其参与乡土公共文化空间建设的热情,形成文化创造繁荣的不竭力量。培养乡村文化人才是一项综合性工作,其中就包括组织选拔和任用乡村第一书记、大学生村官,让他们带着使命扎根乡村。此外,还应鼓励新乡贤等成功人士返乡回报故土,鼓励文化精英下乡服务乡村文化振兴。

山东省在培养乡村文化人才方面采取了一些可供借鉴的举措:①加大高层次文化人才培养力度。制定全省优秀传统文化人才培养规划,研究制定扶持政策,引入一批儒家文化、红色文化、农耕文化研究高端人才,加大优秀乡村文化人才选拔培养、资助扶持力度。加强山东传统戏曲、杂技及民间歌舞、民间音乐高层次人才培养基地建设。②培育乡村非遗文化传承人。依托国家级、省级非遗传承人群研修研习培训院校、"非遗传承人、民间艺人"收徒传艺计划,对掌握一定技艺、有学习意愿的乡村非遗传承人进行培训。③壮大乡村文化人才队伍。加强基层宣传文化队伍建设,对现有乡镇(街道)综合文化站人员进行登记,及时补充专业人员,做到专岗专用。探索基层文化艺术人才定向培养,开展免费乡镇文化员招生试点。每三年对文化站站长和工作人员轮训一遍,提升乡镇文化站组织管理水平。在村、社区配备宣传员,加强农村社区文艺骨干培训。大力培养尼山书院和乡村儒学师资,建立乡村儒学人才库。开展文艺志愿服务,培育打造一批优秀基层戏曲院团、庄户剧团、民间班社,培养带动一批基层文化工作者、民间文化能手。发展壮大文化志愿者队伍,把企事业单位退休人员、返乡大中专学生等吸纳到乡村文化队伍中来,增强乡村文化自我发展能力。引导返乡下乡人员结合自身优势和特长,发展传统工艺、文化创意等产业。

合肥市在培育乡村振兴人才方面的做法,值得乡村文化振兴人才培养工作参考。近年来,合肥市坚持党建引领乡村振兴,通过发挥党的组织和政治优势,大力推动各类人才要素资源向乡村流动,把培育锻造骨干队伍作为助推乡村振兴的"加速器",为推进乡村全面振兴提供强有力的组织保证。

1. 坚持"头雁"领航 培育锻造乡村振兴"生力军"

坚持选优配强骨干队伍,接续选派驻村第一书记和驻村工作队,为锻造乡村振兴干部队伍注入"新鲜血液"。一是提质扩面选优派强。按照"先定村、再定人"的思路,对全市1 160个行政村进行全面摸底、分析研判,综合确定130个重点帮扶村。严把人选资格条件,从市、县两级机关和国有企事业单位择优选派390名优秀干部,真正将态度积极、能力突

出、担当有为的干部选出来、派下去。二是规范管理压实责任。结合实际研究出台《合肥市选派干部管理实施细则》,明确日常管理8项制度,健全市县乡村"四位一体"驻村管理机制,落实组织部门备案管理、乡镇党委日常管理、派出单位跟踪管理,督促选派干部扑下身子、沉在村里。三是"六项行动"充电赋能。市级举办乡村振兴主题培训班,市委组织部部务会专题研究培训内容和课程设置,分政治课、业务课、实践课三个模块优化设计,突出农村基层党建、党建引领信用村建设、发展壮大村级集体经济、优化乡村治理等重点内容,丰富现场观摩、座谈研讨、交流分享等多种形式,着力为驻村第一书记梳理工作,积累解决问题的方法和思路。

2. 盘活干部资源　着力选派乡村振兴"指导员"

坚持因地制宜、好中选优,分两批选派116名退出领导岗位干部到村担任乡村振兴指导员。一是因村因人派驻。通过个人自愿申请、单位把关推荐、市委组织部考察审核等程序,按照"政治素质好、履职表现好、作风形象好、身体条件好,有为民情怀、有'三农'经验、有奉献精神"的"四好三有"标准,确定退出领导岗位干部到村任职人选。采取"人选村、村选人"双向选择方式,支持36名干部优先回原籍或成长地所辖村任职,其他80人按照派驻村帮扶重点和干部专业特长相匹配原则统筹确定。二是精准定岗明责。明确退出领导岗位干部担任派驻村乡村振兴指导员3年,围绕强组织、兴产业、优治理、促振兴目标,督促落实上级决策部署,指导参与各项工作,重点完成星级支部创评、发展壮大村级集体经济、党建引领网格治理、党建引领信用村建设等任务。三是健全保障机制。开展任职培训,帮助到村任职干部熟悉"三农"政策。出台《合肥市到村任职退出领导岗位干部管理办法(试行)》,健全完善日常管理、考核激励及纪律约束等制度,组织开展年度考评和任期考评,以严格管理促进履职担当。

3. 整合专业力量　精心组建乡村振兴"顾问团"

一是组建科技帮扶团。依托在肥高校和科研院所组建10个乡村振兴专家团队,签订目标责任书和委托协议书,91名专家成员与全市175个定点村结对帮扶,因地制宜、"一村一策"设计提供乡村振兴综合解决方案。二是成立产业服务团。制定《合肥市乡村产业发展服务团工作实施方案》,建立"信用村吹哨、服务团报到"机制,市级成立涵盖农技、金融、电商、文旅、环保等5个领域55名专家的乡村产业发展专家库。三是用好首席专家团。组建六大类50个农业行业首席专家工作室,大力推广新产品、新技术、新模式、新装备。

第四章 巧方法与软实力：文化振兴 入脑入心

乡村文化建设属于"软实力"，是一项长期、系统的工程，必须以极大的耐心、韧劲，持续发力、久久为功，高质量做好这项利在长远、影响深远的重大工程。

乡村文化振兴，必须坚持正确的政治引领，坚持不懈用习近平新时代中国特色社会主义思想武装教育农村干部群众。深入开展面向乡村的理论学习宣传普及，让习近平新时代中国特色社会主义思想在广大乡村落地生根，像阳光雨露一样走进千家万户，滋润干部群众心田，提振乡村精气神，引导干部群众心往一处想、劲往一处使，齐心协力创造幸福生活，实现乡村振兴。深入开展"百姓宣讲"活动，贴近农民群众生活实际，采取群众喜闻乐见的形式，运用群众听得懂、听得进的语言，增进人们对习近平新时代中国特色社会主义思想的政治认同、思想认同、情感认同，及时传播党的理论路线方针政策。加强对社会思潮的辨析引导，正本清源，扶正祛邪，帮助人们划清是非界限、澄清模糊认识，巩固和壮大乡村意识形态阵地。

在正确的政治引领下，乡村文化振兴需要从乡村道德建设、乡村学校教育和乡村阅读等方面使用巧方法，增强软实力，让乡村文化根植于广大乡村人民群众的内心和灵魂，实现由内而外的蓬勃发展与切实振兴。

第一节 强化乡村文化振兴的道德建设

十九大以来,习近平总书记对农村思想道德建设与乡村文化振兴的关系及农村思想道德建设的内容要求多次进行了精辟的论述。

2018年3月8日,习近平总书记在参加十三届全国人大一次会议山东代表团审议时指出:"要推动乡村文化振兴,加强农村思想道德建设和公共文化建设,以社会主义核心价值观为引领,深入挖掘优秀传统农耕文化蕴含的思想观念、人文精神、道德规范,培育挖掘乡土文化人才,弘扬主旋律和社会正气,培育文明乡风、良好家风、淳朴民风,改善农民精神风貌,提高乡村社会文明程度,焕发乡村文明新气象。"

2020年12月底,习近平总书记在中央农村工作会议上的讲话中指出:"加强社会主义精神文明建设,加强农村思想道德建设,弘扬和践行社会主义核心价值观,普及科学知识,推进农村移风易俗,推动形成文明乡风、良好家风、淳朴民风。"

2022年3月6日,习近平总书记在看望参加全国政协十三届五次会议的农业界、社会福利和社会保障界委员时指出:"乡村振兴不能只盯着经济发展,还必须强化农村基层党组织建设,重视农民思想道德教育,重视法治建设,健全乡村治理体系,深化村民自治实践,有效发挥村规民约、家教家风作用,培育文明乡风、良好家风、淳朴民风。"

一、以社会主义核心价值观为引领

学习领会习近平总书记关于农村思想道德和乡村文化振兴的重要论述,首先我们必须明确的一点是:加强农村思想道德建设是推动乡村

文化振兴的重要手段之一,强化农村思想道德建设有利于促进乡村文化振兴。实现乡村文化振兴,必须把加强农村思想道德建设放在重要位置,抓紧抓实,抓出成效。离开农村思想道德建设的乡村文化振兴,可能会导致乡村文化振兴缺乏真正的思想道德内涵,导致乡村文化缺乏高格调的精神引领和正能量的体魄支撑,走向内容的偏离和形式的浮夸。

学习领会习近平总书记关于农村思想道德和乡村文化振兴的重要论述,非常重要的一点是:农村思想道德建设和乡村文化振兴必须以社会主义核心价值观为引领。党的十八大报告明确提出"倡导富强、民主、文明、和谐,倡导自由、平等、公正、法治,倡导爱国、敬业、诚信、友善,积极培育社会主义核心价值观",其中"富强、民主、文明、和谐"是国家层面的价值目标,"自由、平等、公正、法治"是社会层面的价值取向,"爱国、敬业、诚信、友善"是公民个人层面的价值准则。党的十九大报告再次强调"要培育和践行社会主义核心价值观"。党的二十大报告要求"广泛践行社会主义核心价值观",因为"社会主义核心价值观是当代中国精神的集中体现,凝结着全体人民共同的价值追求","社会主义核心价值观是凝聚人心、汇集民力的强大力量","要以培养担当民族复兴大任的时代新人为着眼点,强化教育引导、实践养成、制度保障,发挥社会主义核心价值观对国民教育、精神文明创建、精神文化产品创作生产传播的引领作用,把社会主义核心价值观融入社会发展各方面,转化为人们的情感认同和行为习惯。坚持全民行动,干部带动,从家庭做起,从娃娃抓起"。所以在乡村文化振兴、在农村思想道德建设中,必须强化社会主义核心价值观的引领。

而从公民个人角度来说,以社会主义核心价值观引领自身的思想道德和工作生活,主要侧重于奉行"爱国、敬业、诚信、友善"的价值准则。"爱国"是个人对祖国应该具备的情感态度,是处理个人与祖国关系的行为准则,要以振兴中华为己任,维护祖国统一,自觉报效祖国,反对一切分裂国家的思想和行为。"敬业"是公民对待职业和工作的行为准则,要求公民忠于职守、爱岗敬业、兢兢业业、精益求精。"诚信"是公民对待承诺和处理纠纷问题的处事准则,要求"内诚于心""外信于人",表里如一、言行一致、信守承诺。"友善"是公民处理人际关系的准则,强调公民之间应互相尊重、互相关心、互相帮助,和睦友好。

二 以优秀传统农耕文化为主根脉

农村思想道德建设和乡村文化振兴,还需要"深入挖掘中华优秀传统文化""深入挖掘优秀传统农耕文化"。这里的"中华优秀传统文化"和"优秀传统农耕文化"两个概念,是习近平总书记在2017年10月党的十九大报告和2018年3月参加十三届全国人大一次会议山东代表团审议时的提法,由此可见"中华优秀传统文化"和"优秀传统农耕文化"两者之间的紧密联系,甚至在某种意义上讲,两者的内涵就是一致的,只是在使用场景上有所区别。在针对全国范围讲弘扬优秀传统文化时,适合使用"中华优秀传统文化";而在乡村范围内讲弘扬优秀传统文化时,适合使用"优秀传统农耕文化"。

中华优秀传统文化发源于优秀传统农耕文化,历经几千年的文化传承,具有亘古不断的延续能力,虽然也随着时代的进步、中外文化交流,甚至西方文化渗透有所变化,但仍然具有历史文化生生不息的传承能力,能够引领思想、传化道德、教化人心、改善民风。在乡村文化振兴中要"深入挖掘优秀传统农耕文化蕴含的思想观念、人文精神、道德规范,培育挖掘乡土文化人才,弘扬主旋律和社会正气,培育文明乡风、良好家风、淳朴民风,改善农民精神风貌,提高乡村社会文明程度,焕发乡村文明新气象"。

需要特别指出的是,在乡村文化振兴中需要挖掘和传承的是优秀农耕文化,不是一般意义上的农耕文化。因为诞生于封建社会的农耕文化,不可避免地带有一些封建社会的糟粕,有些是封建统治阶级的思想意志,这些都是需要甄别出来加以摒弃的,比如在思想信仰方面的宗教迷信、在行为忠诚方面的效忠封建君主等,因此在乡村文化振兴的道德建设工作中,必须摒弃封建糟粕、推进移风易俗,破除人身依附、人情攀比、高价彩礼、厚葬薄养、铺张浪费等陈规陋习,抵制邪教、非法宗教活动和赌博行为,推动形成文明乡风和淳朴民风。

在乡村文化振兴中还应该看到的是,优秀传统农耕文化在越来越快速的社会变迁过程中,也出现了一些变化,有些变化是积极的,有些变化是消极的,有些变化将一些真正的优秀文化掩盖淹没起来了,必须将这些被淹没的优秀文化发掘出来,像对待出土文物一样倍加珍惜、精心保护和发扬光大,使之成为今天与社会主义核心价值观相吻合的道德信念、精神信仰、价值准则和行为规范。比如在城市化、工业化发展的过程中,农耕文化在衰退,农业因为生产方式落后被嫌弃,农民因为收入低、文化程度低被嘲笑,农民工受到不公平待遇等,这些观念思潮在文艺作品中也有所表现,比如某些笑星大腕表演的小品就以嘲笑农民的生存状态和生理缺陷为"笑点",博取观众"笑声"。为此,必须消除这类"追求光鲜""嫌穷爱富""歧视农民"的社会思想,让农民受到社会尊重,找到社会信任感和安全感,找到优秀农耕文化自信,从而安心于乡村社会,成为乡村文化振兴以及乡村全面振兴的重要力量。

(三) 以德治为乡村治理的思想纽带

实现乡村文化振兴乃至实现乡村全面振兴,需要建立乡村治理体系。十九大报告中将"加强农村基层基础工作,健全自治、法治、德治相结合的乡村治理体系"作为实施乡村振兴战略的重要举措之一。基于乡村社会的历史与现实,乡村治理要构建自治、法治和德治相结合的体系,三者缺一不可。自治是乡村治理的内在基础,法治是外部制度约束,德治是内在精神驱动、是思想纽带。德治不仅可以与自治和法治协同发力,而且可以为自治和法治提供思想引领和精神支撑。抓好了德治,能够更好地发挥思想纽带的引领和联动作用,更好地实现自治和法治,提高自治和法治的效率,增加自治和法治的成果。

作为内在基础的自治、外部约束的法治,都离不开内在精神驱动的德治。在村民自治过程中,只有以一定的道德要求为支撑,使自治体现出应有的道德要求,特别是把社会公德、职业道德、家庭美德和个人品德融入村民自治的整个过程,才能使村民的自我管理、自我教育和自我服务能力得到不断提升,才能使村民自治达到公共利益最大化的理想效果。在依法治村的过程中,只有以必要的道德元素为内容,让法治蕴含必备的道德水准,尤其是将社会主义核心价值观贯穿于依法治村的所有领域,才能使法治的良好功效得到应有彰显,才能使依法治村达到良法善治的应有水平。道德具有润物无声的育人功效和春风化雨的引导作用。因此,只有不断强化乡村治理的德治,发挥道德的导向性作用,才能为乡村治理提供厚实的道德支撑,才能使自治和法治的作用得到充分发挥,才能使道德自身的价值引领功效得到应有彰显,进而才能使自治、法治、德治"三治"融合,相互赋能。

以德治为纽带带动乡村文化振兴和乡村治理,需要从三个方面着力:①提倡乡村文明风尚,破除留存在乡村的陈规陋习。如提倡节俭办事,抵制攀比之风;如提倡文明风尚,取缔低俗文化;等等。②完善乡村德治的村规民约,利用道德教化进行乡村治理是先人留下的宝贵经验。健全村规民约,既要传承传统村规民约中的道德教育理念,又要不断总

结当代乡村治理的宝贵经验,还要吸纳优良家训家教家风中的现代元素,并且通过构建乡村德治的激励约束机制,引导广大村民提高自我治理的意识和能力,实现家庭和睦、邻里和谐、乡村和美的乡村德治愿景。③注重乡村德治的实践养成,要将千百年来传承下来的优秀道德风尚与现实生活中的道德楷模与好人好事结合起来,评选"最美乡村教师""最美乡村医生""最美和谐家庭",弘扬身边好人精神,传播乡村最美能量。

第二节 强化乡村文化振兴的学校教育

文化与教育本身就存在着密不可分的关系,文化构成了教育的内容,教育承担着文化的传承。教育改变,文化也会改变。教育中断,文化就会中断。

古代的乡村教育以私塾形式传授四书五经等内容,是典型的乡村文化教育形式,但存在私塾先生个人化差异和规模化问题。学校教育进入中国后实现了教学内容标准化和教学规模与效率的提升。新中国恢复高考制度以后培养了大量人才,但也带来学校教育追求升学率的问题,城市化发展也带来了乡村学校教育的城市化,造成了乡村文化的缺失。学校教育是面向青少年传承和振兴乡村文化的主要阵地和长效机制,必须强化乡村文化振兴的学校教育工作。

优秀乡村文化是中华优秀传统文化产生的源头和根基。当今世界,文化在综合国力竞争中的地位和作用更加突显,越来越成为民族凝聚力和创造力的重要源泉。青少年学生是祖国的未来和民族的希望,加强中华优秀传统文化教育,对于培养中华优秀传统文化的继承者和弘扬者,对于引导青少年学生坚定实现中华民族伟大复兴的理想信念,都具有重大意义。为此，教育部印发了《完善中华优秀传统文化教育指导纲要》（以下简称《纲要》），该《纲要》对于强化乡村文化振兴的学校教育同样适用。

一、加强优秀乡村文化教育的内容与原则

加强对青少年学生中华优秀乡村文化的教育，要以弘扬爱国主义精神为核心，以家国情怀教育、社会关爱教育和人格修养教育为重点，着力完善青少年学生的道德品质，培育理想人格，提升政治素养。一要坚持中华优秀乡村文化教育与社会主义核心价值观培育和践行相结合，要深入挖掘和阐发中华优秀乡村文化讲仁爱、重民本、守诚信、崇正义、尚和合、求大同的时代价值；二要坚持中华优秀乡村文化教育与时代精神教育和革命传统教育相结合，既要大力弘扬以爱国主义为核心的民族精神，又要积极弘扬以改革创新为核心的时代精神，继承和弘扬革命传统文化；三要坚持弘扬中华优秀乡村文化与学习借鉴国外优秀文化成果相结合，既要高度重视培育学生的民族自信心、自豪感，又要注重引导学生放眼世界，博采众长；四要坚持课堂教育与实践教育相结合，既要充分发挥课堂教学的主渠道作用，又要注重发挥课外活动和社会实践的重要作用；五要坚持学校教育、家庭教育、社会教育相结合，既要发挥学校主阵地作用，又要加强家庭、社会与学校之间的配合，形成教育合力；六要坚持针对性与系统性相结合，既要根据不同学段学生身心发展特点，区分层次，突出重点，又要加强各学段的有机衔接，逐步推进。

二、分学段按顺序推进优秀乡村文化教育

小学低年级以培育学生对中华优秀乡村文化的亲切感为重点，开展启蒙教育，培养学生热爱中华优秀乡村文化的感情。学习常用汉字，诵

读通俗古诗,感受语言优美;初步了解传统礼仪,学会待人接物的基本礼节,培育热爱家乡、热爱生活、亲近自然的情感。

小学高年级以提高学生对中华优秀乡村文化的感受力为重点,开展认知教育,了解中华优秀乡村文化的丰富多彩。练习书写文字,诵读古代诗文经典篇目,引导学生学会理解他人,懂得感恩,逐步提高辨别是非、善恶、美丑的能力,开始树立人生理想和远大志向,热爱祖国河山、悠久历史和宝贵文化。

初中阶段以增强学生对中华优秀乡村文化的理解力为重点,提高对中华优秀乡村文化的认同度,引导学生认识我国统一的多民族国家的文化传统和基本国情。学习和了解中国历史的重要史实和发展的基本线索、国家统一和民族团结的重要性,认识中华文明的历史价值和现实意义,尊重各民族传统文化习俗,珍视各民族共同创造的中华优秀文明成果。

高中阶段以增强学生对中华优秀乡村文化的理性认识为重点,引导学生感悟中华优秀乡村文化的精神内涵,增强学生的文化自信。认识中华文明形成的悠久历史进程,感悟中华文明在世界历史中的重要地位;深入理解中华民族最深沉的精神追求,更加全面客观地认识当代中国,看待外部世界,认识国家前途命运与个人价值实现的统一关系,自觉维护国家的尊严、安全和利益。

(三) 推进优秀乡村文化教育课程和教材建设

在课程建设和课程标准修订中强化中华优秀乡村文化内容。在中小学德育、语文、历史、艺术、体育等课程标准修订中,增加中华优秀乡村文化的内容比重。地理、数学、物理、化学、生物等课程,应结合教学环节渗透中华优秀乡村文化相关内容。各地各学校充分挖掘和利用本地优秀乡村文化教育资源,开设专题的地方课程和校本课程。面向各级各类学校重点建设一批中华优秀乡村文化精品视频公开课。

组织编写中华优秀乡村文化普及读物,制作内容精、形式活、受欢迎的数字化课件。鼓励有条件的地方结合地方课程需要编写具有地域特色的中华优秀乡村文化读本。加强对教材和读物的文化导向监督检查,防止西方文化通过教材和读物进行文化渗透,诋毁中华文化。

(四) 提升优秀乡村文化教育的师资队伍水平

要加强面向全体教师的中华优秀乡村文化教育培训。在中小学教师国家级培训计划、义务教育学校校长和农村幼儿园园长研修培训计划中增加中华优秀乡村文化培训内容,提升各级各类学校教师开展中华优秀乡村文化教育的能力。

要重点打造一支中华优秀乡村文化教育骨干队伍。在中小学教师资格考试内容中增加中华优秀乡村文化的比重。在师范院校开设中华优秀乡村文化课程。鼓励民间艺人、技艺大师、非物质文化遗产传承人参与职业教育教学。建立非物质文化遗产传承人"双向进入"机制,设立技艺指导大师特设岗位,培养和造就一批中华优秀乡村文化教学名师和学科领军人才。

(五) 大力增强优秀乡村文化教育的多元支撑

建设不断适应时代需要的中华优秀乡村文化网络教育平台,利用好现有全国文化资源共享工程、公共电子阅览室建设工程、数字图书馆推广计划等数字文化惠民工程的数据资源成果,推动优秀传统乡村文化网络传播,制作适合互联网、手机等新兴媒体传播的优秀乡村文化精品佳作。比如,中国共产党成立100周年之际,中华民族文化基因库(一期)红

色基因库试点项目启动,革命文物以数字化的形式走进课堂,为红色文化教育提供了优质资源。

加强中华优秀乡村文化校园教育活动,邀请传统文化名家、非物质文化遗产传承人等进校园、进课堂。依托少先队、共青团、学生社团等开展主题教育、社会实践、志愿服务等形式多样、丰富多彩的活动。充分利用博物馆、纪念馆、文化馆(站)、图书馆、美术馆、音乐厅、剧院、故居旧址、名胜古迹、文化遗产、具有历史文化风貌的街区等,组织学生进行实地考察和现场教学。

充分发挥家庭在中华优秀乡村文化教育中的重要作用,把学校教育与家庭教育紧密结合起来,积极组织开展学生和家长共同参与的优秀乡村文化体验、主题教育实践活动、志愿者服务和公益性活动,践行中华优秀传统美德,弘扬中华优秀乡村文化。倡导家长通过言传身教,形成爱国守法、遵守公德、珍视亲情、勤俭持家、邻里和睦的良好家风,营造弘扬中华优秀乡村文化的家庭教育氛围。

在安徽省潜山市野寨中学官网公布的高考录取榜上,排在前列的不是考取"北大""清华"的学生,而是被军校录取的学生。这种排序和该校"崇军尚武、热爱国防"的传统是密不可分的。原来,野寨中学是一座为保护烈士陵园而建立的学校。在校园内,有座野寨抗日阵亡将士公墓,985位抗日英烈长眠于此。1943年,由皖、鄂两省13县知名人士捐资,在野寨修建了包括公墓和12座纪念性建筑在内的陵园,并在此建校护陵。现在,野寨中学是"全国国防教育特色学校",野寨抗日阵亡将士公墓是第八批全国重点文物保护单位。据了解,为了推动国防教育,学校还制定了"长城计划"。

"长城计划"由野寨中学的一批知名军旅校友发起,通过开展国防教育、举办军事讲座、组建学生军事社团、设立"长城奖学金"等一系列活动来弘扬先烈抗战救国的精神,为国家培养更多的国防后备人才。学校在每个和抗战、烈士相关的节点,都会开展活动。历年来,野寨中学高考被军校录取的学生一直较多。2022年高考,学校有87名学生

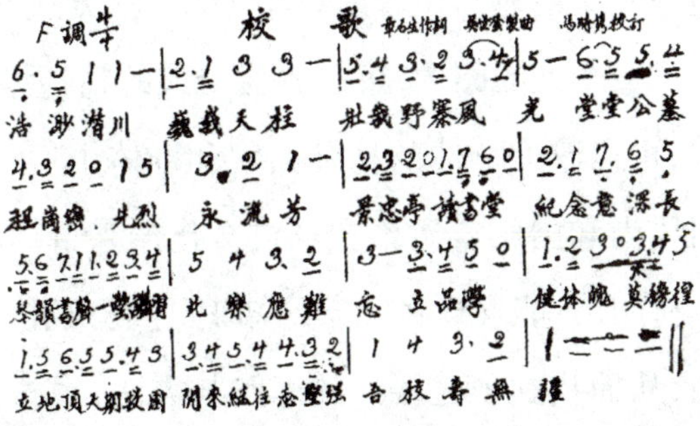

图 4-1 野寨中学校歌(图源:新华社公众号)

报考军队院校,12名学生被军队院校录取。"校园内的忠烈祠、浩然亭总能让我感受到伟大的精神力量。"余爽是野寨中学2022届毕业生,被国防科技大学录取。"我的爷爷是一名军人,从小我就对从军入伍十分向往。"余爽说。"堂堂公墓起岗峦,先烈永流芳。""立地顶天期救国,开来继往志坚强。"恰如该校校歌(图4-1)中描述的那样,英烈们的精神力量,一直在学生们心间流淌,历久弥新。

第三节 强化乡村文化振兴的书香阅读

一 乡村阅读:通往乡村文化振兴的心路

文字是人类文明的记录符号,书籍是人类文明进步的阶梯。阅读是文化知识学习与传承最重要的基础方式之一,在人类"听说读写"四大认知学习途径中居于第三位,阅读是比听、说更有深度和广度的学习方式。

阅读的历史和人类文明一样源远流长,人类发明文字之后就产生了阅读,人类文明史始终伴随着阅读史。在漫长的农耕文明时代,耕读就

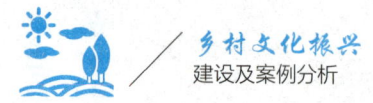

是一种最接地气和最具书香气的生活方式。

一个人的阅读,可以改变个人的精神境界和发展命运。一群人的阅读,可以改变群体的精神面貌和群体士气。全民阅读,可以涵养国民文明风尚和国民素质。在乡村文化振兴目标下,必须大力开展乡村阅读。乡村阅读,能够让乡民学习知识、学习文化,传承经典,启迪智慧,探索未知,从而找到乡村振兴的思路与方法;乡村阅读,能够以文化人、崇德尚礼、传播文明、和谐乡邻,从而创造美好的乡村社会人文环境。

二 农家书屋:开展乡村阅读的文化驿站

深入普及乡村阅读,需要有好读的图书、读书的场所、读书的目的、读书的价值、读书的兴趣、读书的便利、读书的氛围、领读人的引领、读书人的相互交流与鼓励,因而农家书屋应运而生。农家书屋是在党和政府的领导下、在中国广大农村地区建立的、由农民自己管理的、为农民提供多样化图书资源的读书场所。农家书屋是党中央、国务院实施的公共文化五大惠民工程之一,已经在推动乡村公共文化服务和助力脱贫攻坚中起到了重要作用,现在和未来在推动乡村阅读和乡村文化振兴中也具有重要意义。

农家书屋工程2005年开始试点,2006年试点取得成效,2007年全面推开。2007年3月,新闻出版总署同中央文明办等七部门联合发布《关于印发〈农家书屋工程实施意见〉的通知》,将农家书屋项目推广至全国。农家书屋的基本目标是解决农村地区图书资源短缺和农民"没书读"的问题,为农民群众创造获取文化知识信息的条件,传播正确的价值观念,培养农民群众的文化自觉性,扭转乡村地区文化教育落后的局面,丰富农民群众的文化生活和精神需求。

2007年至2012年农家书屋工程进入快速发展期,2012年年底覆盖了全国有基本条件的行政村,总藏书量由0.33亿册增加至9.4亿册。2013年以后农家书屋藏书量进入补充更新阶段,截至2018年年底,全国共有农家书屋58.7万家,向广大农村配送图书突破11亿册,农家书屋在增强农民文化自信、保障农民基本文化权益、加强农村公共文化服务体系和农村精神文明建设等方面做出了重要贡献。在推动精准扶贫和实现全面小康中发挥着重要的作用。

1. 加强文化宣传,推动乡村思想文化阵地建设

农家书屋图书种类齐全,包括政经、科技、文化、少儿、医疗卫生等各类书籍,为广大农民提供了自主学习、开阔视野的平台,有利于培养农民读书看报的良好习惯。同时,农民群众在闲暇之余能够亲近和走进书籍世界,汲取精神食粮,提升自己的文化修养和知识水平。农家书屋定期开展各种阅读活动与文化娱乐活动,如湖北省宜昌市云池社区以农家书屋为平台举办的阅读活动——"让读书成为时尚,让学习成为习惯",通过新冠知识讲解、读书知识问答、青少年才艺表演等形式,广泛动员群众参与,积极营造全民阅读氛围。农民群众通过亲身参与阅读活动,能感受到文化知识的魅力和重要性,利于发挥思想文化对广大农民的凝聚作用,夯实乡村思想文化阵地建设。

2. 推动公共文化服务均衡发展,缩小城乡文化差距

农家书屋提升了乡村地区的整体文化程度和自信,坚定了农民群众对乡村文化崛起的信念,推动了文化资源在城乡之间合理流动,有效解决了城乡文化发展不平衡的问题。①农家书屋作为一种公共文化服务平台,涵养了农村精神气质,推动了农村地区良好家风、民风与乡风的建设,加快了乡村文化的振兴,是对乡村文化衰落的积极应对。②农家书屋向乡村地区传播了海量的文化知识,塑造了乡村文化公共空间形态,紧跟时代步伐拓展创意创业功能,推动了农村地区民众"经济文化双脱

贫",是实现乡村文化振兴的智力保障和乡村文化创意的节点、纽带。③农家书屋自实施以来,向文化贫瘠的广大乡村地区输送了大量优质的图书资源,保障了乡村居民平等阅读的权利,提高了农民群众的文化素养,成为中华优秀文化传播的平台,阻断了不良文化的代际传递。

3. 培养新型农民,为乡村文化振兴奠定人才基础

乡村文化振兴是乡村发展的重要方面,实现乡村文化振兴关键要靠人,尤其是有文化、有知识、有技能的新型农民。农家书屋为农民提供了优质的自主学习条件,紧跟时代发展不断配置和更新图书结构和内容,保障了广大农民群众"有书读""读好书",对农民进行文化扶贫,坚持"精神扶贫"与"物质扶贫"并重、扶智与扶贫相结合,提高了农民群众的文化素养和技能,成为培养新型"三有"农民的"文化粮仓"。同时,农家书屋提高了农民的文化表达能力和潜在的创作能力,有利于把乡村庞大的人口资源转为人力资源,使农民成为潜在的文化消费者和文化生产创造者,从而为乡村文化振兴提供人才基础。安徽省东至县张岗村通过多种措施提高农家书屋的管理水平和服务功能,为村民提供了自主学习、积累知识、开阔视野的平台,使大批村民变身"土专家"。

(三)提质增效:农家书屋与乡村阅读升级

农家书屋全面竣工以来,特别是党的十八大以来,农家书屋工作的重心从书屋建设逐渐转移到书屋管理和使用工作上。当前,农家书屋发展不平衡、不充分的问题还较为突出,具体表现为农家书屋资源闲置、机制不活、内容不合口味、数字化程度不高等,影响了农家书屋价值的发挥,需要进一步完善管理和使用方法,提升农家书屋有效使用率和在乡村文化振兴中的实际作用。

2019年2月,中央宣传部、中央文明办、教育部、财政部、农业农村部、

文化和旅游部等部委联合印发《农家书屋深化改革创新 提升服务效能实施方案》(以下简称《方案》),实施《方案》的主要目的是推动农家书屋提质增效,助力乡村振兴战略实施;主要任务就是通过深化改革,提升服务效能,做强做优一批示范书屋,规范提升一批标准书屋,让农家书屋有书读、有人管、有活动吸引,形成聚人气、有活力、可持续的生动局面。

为达到农家书屋提质增效的目标任务,《方案》明确了四大措施。一是推动共建共享,解决资源闲置问题。紧紧围绕新时代文明实践中心建设做好农家书屋工作,推动农家书屋和基层图书馆互联互通,指导新华书店将农村发行网点建设与农家书屋管理使用相结合,调动农民群众自我管理、自我服务的积极性主动性,解决好农家书屋服务"最后一公里"问题。二是开展主题性和常态化阅读活动,提高书屋使用效能。将农家书屋阅读活动纳入文明实践系列活动,拓展农家书屋阅读活动的组织形式,创新农家书屋宣传内容和方式,加大阅读推广激励力度,促进乡村阅读深入开展。三是优化内容供给,有效对接群众需求。改进重点出版物推荐目录评审制定工作,探索"百姓点单"服务模式,加大农民群众自主选书比例,组织出版单位和农家书屋有效对接,开展农家书屋数字化建设,增加数字化阅读产品和服务供给。四是健全体制机制,强化书屋工作保障,加强组织领导,推动创新示范,完善政策保障和投入机制,严格考核监督。

截至2020年年底,全国农家书屋累计配送图书超12亿册,农民人均图书拥有量从0.13册增加到2.17册,增长了十几倍。新冠肺炎疫情发生后,有条件的农家书屋通过融媒体平台、数字化农家书屋等渠道,及时宣传和更新政府发布的防疫政策信息,积极配备防疫类书籍,讲解防疫知识,安抚农民群众的情绪,并组织村民进行线上技能培训活动,推动复工复产。

2020年10月《安徽省"农家书屋助力乡村振兴战略行动"实施方案》出台,提出通过发挥农家书屋平台作用,逐步补齐"书香安徽"全民阅读的乡村短板,让文化惠民政策得到充分落实,乡村优秀传统文化得到传承发展,不断提高农民群众精神文化生活获得感和幸福感。①开展农家书屋融合化发展,大力推动"农家书屋+乡村小学""农家书屋+乡村学校少年宫""农家书屋+儿童之家""农家书屋+妇女之家""农家书屋+残疾人阅读平台""农家书屋+健康养老"等共建模式,深入探索"农家书屋+村邮站""农家书屋+电商平台""农家书屋+供销服务""农家书屋+美丽乡村驿站",积极面向各类阅读群体提供精准服务。②开展农家书屋实践化引领。结合春节、端午、中秋等重要时间节点开展丰富的阅读实践活动,传承传统优秀文化,开展爱国主义教育,大力弘扬时代新风。③开展农家书屋数字化提升,增加数字读物供给,按照每年50%的速度递增数字读物,逐步做到进入农家书屋的图书、报纸、期刊都提供电子版本。④开展农家书屋正向化激励,每两年开展一次全省"百家示范农家书屋"和"百佳农家书屋管理员"评比和奖励活动。⑤开展农家书屋规范化运维,按照"百姓点单"模式开展图书选配,让农民成为农家书屋出版物补充的主角,确保书屋门常开、有人

图4-2 农家书屋阅读场景(1)(图源:安徽日报)

图4-3 农家书屋阅读场景(2)(图源:安徽日报)

管，提倡条件好的地方加大对农家书屋的资金投入，打造一批具有网红气质的乡村精神文化地标（图4-2、图4-3）。

合肥市肥西县柿树岗村农家书屋总面积达300平方米，拥有图书资源11 000余册，超30个种类，先后获得"安徽省第三届百家示范农家书屋""肥西县首批农家书屋转型升级试点单位"等荣誉称号，在资源建设、硬件升级、服务保障上均取得了较大进步。

柿树岗村农家书屋按照《安徽省深化农家书屋延伸服务工作方案》，建成了"4＋X"功能阅读空间，"4"即提供基础性服务：阅读、活动、展示、休闲，而"X"则是开展具有农家书屋特色的服务与活动。书屋创新了运营模式，尝试"书吧化"运营。书屋开设52个阅览座位，馆舍空间可以满足将近100人的阅读和使用需要，书屋还为读者提供"数字农家书屋"服务。同时，馆舍的"四点半阅览室""幼儿阅览室""办证大厅"等开放式一体化空间环境给予读者更多的选择。书屋实施开放性管理模式，推动文献开架、借阅一体化。这种运营模式不仅盘活了农家书屋的资源，还大大优化了阅读环境。

（四）志愿服务：乡村阅读文化振兴的牵引

乡村和城市一样对阅读都有需求，但由于农村青壮年大量外流，乡村居住主体为老年人和留守儿童，因此乡村阅读存在着阅读主体明显断层的特殊性，有文化的年轻人太少，孩子阅读要陪伴，老人阅读要引领，加上农村居住的分散性，农活没有上下班、节假日的特性，乡村阅读的主动开展非常不容易，迫切需要有知识有文化、有公益情怀与奉献精神的阅读推广带动和引领。而这样热心于乡村阅读的推广人确实难能可贵但又大有人在。

在重庆市北碚区，"深阅读"乡村阅读推广队伍小有名气。志愿服务

队队长杜秀敏说:"我们走遍了北碚乡村,发现村民们非常渴望读书、明理,哪怕当天下着大雨,依然有不少人赶来共同学习。这就是知识的感召力、阅读的魅力。由于农村青壮年外出务工,因此在很大程度上乡村阅读推广重点就是为'一老一少'群体提供针对性服务。比如在水土街道大地村农家书屋举办的家书家训阅读分享《诫子书》,对象就以中老年人为主,他们可能没有读书习惯,我们就用轻松幽默的语言引导他们理解,并更好地思考、处理家庭关系,他们感到实用,很快就能跟着背诵;针对孩子的阅读活动主要在寒暑假进行,我们讲故事、做游戏,很受欢迎,几年下来,甚至还培养了一批小粉丝,我们在哪个村做活动,孩子们就跟到哪里。长此以往,老人孩子就对阅读有了感知。"

在重庆市彭水苗族土家族自治县鹿鸣乡有一所由当地30多位热心乡友合力建成的鹿鸣书院。"鹿鸣乡素有耕读传统。小时候家里穷,我们想读书而难求,现在大家奋斗有成,愿意回报家乡。书院建成后,读诗、背诗已在鹿鸣蔚然成风,这也说明,乡村与城市一样,对于阅读真的有需求。乡民们想读书,我们也会进一步思考如何借文化之力更好助推乡村振兴。"书院发起人之一的周朝华说。

同样是有感于乡村的阅读需求,2021年第30届全国书博会"十大读书人物"、重庆大渡口区山城社会工作服务中心主任高雪很早就决定投身乡村阅读志愿服务。"孩子是国家的未来。2009年,我在乡村走访时发现,乡村学校课外读物匮乏,所以我想让他们享受阅读,帮助他们用书本更好地认识世界。"在高雪看来,乡村阅读主体的主动阅读意识较差,也是无法忽视的问题。"前些年,我们为很多学校提供梦想书架后,在回访时发现一些书仍是崭新的。这让我意识到,光送书还不够,关键还要培养孩子们爱上阅读。"为此,高雪和团队设计了很多"新花样",比如联动高校志愿者,开展了"高雅艺术进乡村学校"活动,免费教乡村儿童唱歌、跳舞、表演舞台剧。积极开展农村少年儿童阅读实践，组织知识竞赛、读书征文等文化活动，进一步培养农村儿童的阅读兴趣。同时还要加大农民阅读推广大使和阅读推广人评选，推选表扬一批优秀农家书屋管理员、志愿者、乡村阅读推广人等，真正提高农民群众的参与度和学习热情。

四川省大邑县"3+2读书荟"是民间公益的阅读推广机构和乡村创新服务平台，现有8家公益书馆、托管了12家农家书屋，有32个流动书屋服务点位，8万册藏书，477名注册志愿者，受益人数已超过20万人次。2015年，"3+2读书荟"被评为成都市十佳志愿服务组织；被四川省委宣传部、省文明办等单位联合评为四川省"书香企业"；"3+2读书荟阅读伴成长"项目在团中央、民政部等单位联合举办的"第二届中国志愿服务项目大赛"上获金奖，被团中央评为2015年度"全国农村基层团建创新项目；被中宣部、文化和旅游部、国家新闻广电总局等单位联合评为"第六届全国服务农民服务基层文化建设先进集体"。

2012年4月22日，第17个"世界读书日"的前一天，"3+2读书荟"在大邑县新场镇成立。"3"即民间陶艺师李敏、前媒体人熊燕、省文物局专家库专家黄晓枫三人，"2"为诗人陈瑞生、企业家郭伟二人，他们背景各异，却因爱阅读而聚集在一起，他们起初的想法很简单："拿出自己的书，再邀朋友拿出自己的书，累积起来就是一个图书馆了。"经过8年的努力，到2020年，"3+2读书荟"在大邑、邛崃、蒲江等地托管"农家书屋"，发起"为老人阅读""阅读伴成长"项目，创建了"三个下乡（文化下乡、人才下乡、市民下乡）两个融合（城乡融合、产业融合）"模式。读书荟从最初的托管农村书屋，到建设流动书屋，并持续开展公益阅读推广活动，将"阅读种子"撒播在广袤乡村大地上。

80后高艺超是土生土长的大邑人，作为"3+2读书荟"的第一个志愿

者,相当有组织能力,最初动员、召集听众,都由她来负责。她组织完成了一场场精彩的读书活动,陪着"读书荟"风雨兼程。不少大邑县的青年在高艺超的影响下,加入到读书荟的志愿者行列中来。有的志愿者最初是读者,后来成了专职员工;有学建筑设计的志愿者,承担起新馆免费设计的工作;还有的志愿者承担起微博运营的工作。捐书的志愿者也很多。一位居住在成都的小朋友康亦德,不仅喜欢看书,还陆陆续续地将自己最爱的五十多本书捐赠给读书荟。大邑县新场古镇书馆一套珍藏版《沫若文集》,则是一位八十多岁的程大爷在对读书荟实地考察后捐出的。还有一位刘老先生,把家里多年珍藏的一套线装本《旧唐书》捐了出来,此套书成为书馆的镇馆之宝。除了成都的读者,还有来自上海、北京等地的读者,专门选购了图书快递过来。"3+2读书荟"的藏书有三分之一是这样来的,其中杨利伟、江丙坤、李敖、崔永元、樊建川等赠书有100多册。

随着乡村文化振兴步伐加速,书香乡村建设具有更加重要的意义,承载着传承乡土文化、建设文明乡风、凝聚精神力量等重要功能。在乡村,如何打捞乡村记忆,持续进行有效的阅读,为乡村文化注入新的活力,需要进行更多的思考和探索。新时代的乡村阅读,绝不是将城市阅读模式照搬到位,而是独有的、接地气的。在书香乡村建设中,必须做到更精准、分门别类地进行,让目标人群都能得到书籍的滋养。"要致富,农家书屋学技术;要赚钱,农家书屋学经验;要发展,农家书屋把书看。"这段因"农家书屋"而流传的顺口溜对此做出了形象的总结。

第五章 动力源与机制链：文化振兴 产业赋能

第一节 文化产业赋能乡村振兴政策

十九大以来，党中央持续高度重视乡村振兴工作，2020年10月召开的十九届五中全会对全面推进乡村振兴做出了战略部署，2022年1月印发了《中共中央 国务院关于做好2022年全面推进乡村振兴重点工作的意见》，提出了"启动实施文化产业赋能乡村振兴计划"。为落实这一计划，2022年3月文化和旅游部、农业农村部和国家乡村振兴局等六部门联合出台了《关于推动文化产业赋能乡村振兴的意见》，为推动文化产业赋能乡村振兴制定了政策框架。在实际工作中，我们必须学好政策精神，用活政策资源，沿着政策指引的正确方向，结合当地实际，既规范有序又因地制宜地推进文化振兴产业赋能的相关工作。

一、政策明确的指导思想

以习近平新时代中国特色社会主义思想为指导，全面系统学习贯彻习近平总书记关于"三农"工作的重要论述，准确把握乡村振兴战略的科学内涵，立足新发展阶段、贯彻新发展理念、构建新发展格局、推动高质量发展，牢牢守住保障国家粮食安全和不发生规模性返贫两条重要底线，以文化产业赋能乡村人文资源和自然资源保护利用，促进一、二、三

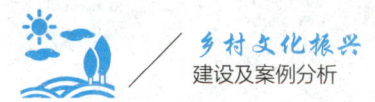

产业融合发展,贯通产加销(生产、加工和销售)、融合农文旅(农业、文化和旅游业),激发优秀乡村文化活力,助力实现乡村振兴"产业兴旺、生态宜居、乡风文明、治理有效、生活富裕"的总要求,助力达成全面推进乡村振兴、"实现农业、农村现代化"的总目标。

二、政策明确的原则要求

1. 文化引领、产业带动

在推动文化产业赋能乡村振兴的工作中,文化是根本,产业是载体。要以社会主义核心价值观为引领,统筹优秀传统乡土文化保护传承和创新发展,充分发挥文化赋能作用,推动文化产业人才、资金、项目、消费下乡,促进创意、设计、音乐、美术、动漫、科技等融入乡村经济社会发展,挖掘提升乡村人文价值,增强乡村审美韵味,丰富农民精神文化生活,焕发乡村文明新气象,培育乡村发展新动能。

2. 农民主体、多方参与

农民是乡村的主人,也是推动文化产业发展和乡村振兴的主体,要充分尊重农民意愿,切实调动农民的积极性、主动性和创造性,把维护农民根本利益、促进农民共同富裕作为出发点和落脚点,还要建立有效共建共享机制,鼓励和调动工商企业、社会组织、高等学校、文化艺人、城市居民等各方力量广泛参与,加强对乡村本土文化人才的培育和支持,建立有效利益联结机制,不断提升农民的获得感和幸福感。

3. 政府引导、市场运作

要准确把握市场和政府的关系,发挥有为政府的积极作用,强化政府政策引导、组织协调、环境营造、宣传发动、扶持和服务等职能,但不搞政府大包大揽,充分发挥市场机制作用,调动市场主体积极性,以重点产业项目为载体,促进资源要素更多向乡村流动,增强农业、农村发展活力。

4. 科学规划、特色发展

在工作推进速度上,既要快速行动,又要避免急功近利和急于求成,在发展模式上既要向成功和先进学习,又要避免照搬照套,要立足各地资源禀赋和区域功能定位,因地制宜,提升规划水平、设计品质和建设标准,防止低水平、低质量建设,防止一个面孔一种形象的同质化建设,避免大拆大建,防止"拆旧建新"变成"拆真建假",要保护好村落传统风貌,推动乡村经济社会更高质量、更可持续发展。

三、政策明确的重点领域

根据现阶段乡村社会基础和文化资源禀赋,从全国范围来看,主要可以从以下八个重点方面来赋能乡村振兴,各地可以根据自身具体情况,根据实际效果选择重点运用,不必全面照搬照用。

1. 创意设计赋能

引导创意设计企业、平台、工作室及设计师向乡村拓展业务、落地经营,为乡村集体经济组织和各类企业、农民合作社、农户等提供创意设计服务。鼓励创意设计、规划建筑、园林景观等单位积极参与乡村建设,建设各具特色的美丽乡村、美丽庭院,创造宜业宜居宜乐宜游的良好环境。鼓励高校艺术、设计类专业结合教学、科研和社会实践,为乡村建设提供创意设计支持。大力发展创意农业,加强农产品包装、设计和营销,提升农业品牌知名度和农产品文化附加值。鼓励发展特色农业,挖掘特色种植业、林业、畜牧业等文化内涵。

2. 演出产业赋能

依托演出企业、演出团体、艺术院校等机构,充分挖掘地方特色资源,帮助和指导乡村开发演出项目,培养乡村文艺演出队伍,发展提升乡

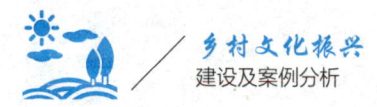

村舞蹈、戏剧、曲艺、游艺、杂技等业态。鼓励依托乡村传统演出团体及其骨干人员,积极开发武术、舞龙、舞狮、锣鼓等特色民俗表演项目。因地制宜发展中小型、主题性、特色类旅游演出项目。

3.音乐产业赋能

鼓励音乐工作者、音乐企业、音乐院校、音乐类行业组织等深入乡村采风、展演和对接帮扶,加强对乡村传统音乐的创编、提升,创作一批形式多样、内容健康的音乐作品。加强民族民间传统音乐的收集整理和活化利用。提升乐器制造业专业化、品牌化水平,推动乐器生产向乐器文化拓展,鼓励发展音乐培训、互动体验等复合型业态。鼓励有条件的地方发展音乐节、音乐会、音乐园区(基地)等特色项目,打造音乐主题特色文化乡村。

4.美术产业赋能

发挥美术工作者引领带动作用,支持有条件的地方依托乡土文化传统,突出地方特色,发展壮大、巩固提升美术产业。鼓励各级美术院校、画院、美术馆在具备条件的乡村设立写生创作和展示基地,支持打造乡村摄影基地,提升乡村地区美术产业专业化水平。加大人才培训和扶持力度,把引进外来人才和培养本地人才结合起来,提升农民画师、雕塑师等人才的创作水平。加强乡村美学普及和教育,提升审美水平和人文素养,让欣赏美、追求美、塑造美成为乡村文明新风尚。推动更多美术元素、艺术元素应用到乡村规划建设,鼓励兴办特色书店、剧场、博物馆、美术馆、图书馆、文创馆。

5.手工艺赋能

实施中国传统工艺振兴计划,推动传统工艺在现代生活中广泛应用。鼓励非物质文化遗产传承人、设计师、艺术家等参与乡村手工艺创作生产,加强各民族优秀传统手工艺保护和传承,促进合理利用,带动农民结合实际开展手工艺创作生产,推动纺染织绣、金属锻造、传统建筑营造等传统工艺实现创造性转化和创新性发展。推动手工艺特色化、品牌化发展,培育形成具有民族、地域特色的传统工艺产品和品牌,鼓励多渠道、多形式进行品牌合作,提升经济附加值。充分运用现代创意设计、科技手段和时尚元素提升手工艺发展水平,推动手工艺创意产品开发。

6.数字文化赋能

鼓励数字文化企业发挥平台和技术优势,创作传播展现乡村特色文化、民间技艺、乡土风貌、田园风光、生产生活等方面的数字文化产品,规划开发线下沉浸式体验项目,带动乡村文化传播、展示和消费。充分运用动漫、游戏、数字艺术、知识服务、网络文学、网络表演、网络视频等产业形态,挖掘活化乡村优秀传统文化资源,打造独具当地特色的主题形象,带动地域宣传推广、文创产品开发、农产品品牌形象塑造。推广社交电商、直播卖货等销售模式,促进特色农产品销售。

7.其他文化产业赋能

鼓励各地结合文化资源禀赋和文化产业发展特点,培育打造地方特色鲜明、文化内涵突出、一二三产业有机融合的文化业态。支持特色产业发展,传承弘扬茶、中医药、美食等特色文化,开发适合大众康养、休闲、体验的文化和旅游产品。推进特色文化制造业发展,积极开发传统文化节日用品、特色文化产品。鼓励各地发掘乡村传统节庆、赛事和农事节气,结合中国农民丰收节、"村晚"、"乡村文化周"、"非遗购物节"等活动,因地制宜培育地方特色节庆会展活动。研究推动优秀农业文化展示区建设,鼓励和支持文化工作者深入中国重要农业文化遗产地,挖掘农耕文化中蕴含的优秀思想观念、人文精神、道德规范,不断深化优秀农耕文化的传承、保护和利用。鼓励有条件的地方引入艺术机构,以市场化方式运营具有乡村文化特色的艺术节展。

8. 文旅融合赋能

坚持以文塑旅、以旅彰文,推动创意设计、演出、节庆会展等业态与乡村旅游深度融合,促进文化消费与旅游消费有机结合,培育文旅融合新业态新模式。实施乡村旅游艺术提升计划行动,设计开发具有文化特色的乡村旅游产品,提升乡村旅游体验性和互动性。推动非物质文化遗产融入乡村旅游各环节,支持利用非遗工坊、传承体验中心等场所,培育一批乡村非物质文化遗产旅游体验基地。支持有条件的中国重要农业文化遗产地建设农耕文化体验场所,弘扬优秀农耕文化。鼓励各地加强"中国民间文化艺术之乡"建设,塑造"一乡一品""一乡一艺""一乡一景"特色品牌,形成具有区域影响力的乡村文化名片,提升乡村文化建设品质,充分开发民间文化艺术研学游、体验游等产品和线路。全面推进"创意下乡",有效提升旅游商品开发水平和市场价值。

(四) 政策明确的工作举措

在发展文化产业支持乡村振兴工作中,各地各部门尤其是农村县乡镇基层政府和省市文化旅游部门及金融机构,需要拿出有力有效的工作举措,培育壮大市场主体、会聚文化产业人才、选准建设项目、保障建设资金支持,实现统筹规划发展和资源保护利用。

1. 培育壮大市场主体

中央政府支持各地培育和引进骨干文化企业,扶持乡村小微文化企业和工作室、个体创作者,鼓励其他行业企业和民间资本通过多种形式投资乡村文化产业。推广"公司+农户"经营模式,鼓励各类农民合作社、协作体和产业联盟在整合资源、搭建平台等方面发挥积极作用。推动建立完善农民入股、保底收益、按股分红等多种利益联结机制,通过"资源变资产、资金变股金、农民变股东",让农民更多分享产业增值收益。建立文化产业赋能乡村振兴企业库。支持积极参与文化产业赋能乡村振兴的企业申报国家文化产业示范基地。

2.建立会聚各方人才的有效机制

各级文化和旅游行政部门要制定政策举措,建立有效机制,引导文化产业从业人员、企业家、文化工作者、文化志愿者、艺术类专业的院校师生等深入乡村对接帮扶和投资兴业,带动文化下乡、资本下乡、产业下乡。鼓励各地结合实际,探索实施文化产业特派员制度,建设文化产业赋能乡村振兴人才库。实施文化和旅游创客行动,营造良好创新创业环境,支持文化和旅游从业者、相关院校毕业生、返乡创业人员、乡土人才等创新创业。注重发挥乡村文化和旅游能人、产业带头人、非物质文化遗产代表性传承人、工艺美术师、民间艺人等的领头作用,挖掘培养乡土文化人才,培育新型职业农民队伍。鼓励普通高等学校、职业学校、研究机构在乡村设立文化和旅游类实习实践实训基地。

3.加强项目建设和金融支持

按照自愿申报、动态管理、重点扶持的原则,遴选一批文化产业赋能乡村振兴重点项目,加大支持和服务力度,促进项目落地实施。国家开发银行在符合国家政策法规、信贷政策并遵循市场化运作的前提下,按照"保本微利"的原则,对乡村文化和旅游项目提供包括长周期、低成本资金在内的综合性优质金融服务支持。鼓励金融机构因地制宜、创新产品,为乡村文化和旅游提供信贷支持。引导各类投资机构投资乡村文化和旅游项目。鼓励保险机构开展针对乡村文化和旅游项目的保险业务。

4.统筹规划发展和资源保护利用

统筹县域城镇和村庄规划建设,通盘考虑土地利用、历史文化传承、产业发展、人居环境整治和生态保护,严禁违规占用耕地和违背自然规律绿化造林、挖湖造景,严格限制林区、耕地、湿地等占用和过度开发,加

强自然环境、传统格局、建筑风貌等方面管控,注重生态优先、有序开发,合理规划布局乡村文化和旅游发展空间。在有效保护的基础上,探索乡村文化遗产资源合理利用的有效机制。将非物质文化遗产保护与美丽乡村建设、农耕文化保护相结合,充分发挥非物质文化遗产代表性项目和代表性传承人作用,合理利用非物质文化遗产资源。鼓励有条件的地方将文化和旅游用地纳入国土空间规划和年度用地计划,在完善审批程序、严格用途管理的前提下,加大对文化产业赋能乡村振兴相关重点设施、项目的用地支持。

第二节　文化赋能农业品牌化发展

品牌是一种商业文化。品牌的起源和发展是商业文明和商业文化的表现。品牌的文化力量能够推动企业的发展。

品牌的广泛运用、品牌力量的强大作用,首先在工业领域得到集中体现。世界工业发展历史的经验证明,品牌化是工业企业生存和发展的根本途径和必由之路。没有品牌的企业和工业产品,就没有持久的生命力和强大的竞争力,就必然会被淘汰;拥有强大品牌的企业和工业产品,更具有强大的市场号召力、市场竞争力和持续发展力。

农业品牌化发展是乡村振兴的重要路径之一,是乡村产业振兴的根本途径和必由之路。农业品牌化发展,就是要创建、培育和壮大农产品品牌,通过农产品质量提升、标准统一,形成农产品品牌的内在价值,通过农产品品牌标识的设计、传播和商标注册,提高农产品的识别度、知名度和附加值,形成农产品品牌外部认知价值和市场保护价值,提高农业生产效益,增加农民生产收入,通过促进农业产业振兴促进乡村全面振兴。

但是由于农产品、农业自身特点,历史延续、观念做法等多方面的因素,创建和发展农产品品牌,不仅在时间上比工业品品牌起步晚很多,而且要面对比打造工业品品牌更多的困难,要战胜更多的挑战。

一、创建农产品品牌必须解决三个主观难题

1. 要解决农业经营者品牌意识弱的难题

农业是一个传统产业,家庭农业人员几乎没有文化程度要求,进入门槛极低,相信天道酬勤,农忙在家务农,农闲外出打工,创新创业意识缺乏,自给自足的小农意识浓厚,比较看重眼前现实利益,缺乏长远眼光,不愿意冒险投资看不见看不懂的长远利益,而创立农产品品牌恰恰就是一种不太能立刻看到实际成效的长远投资。规模化生产的农业经营管理者,与工业经营管理者相比,创立和培育品牌的意识也相对不足。

主观上的思想意识问题最主要的解决办法是宣传教育指导和成功榜样示范。虽然看重眼前利益不愿投资远期利益,但传统农民的思想并不是各个层面都落后,"实在"是打造品牌的重要基因。要通过营销和品牌培训,以知识文化输入的方式启发农民和农业经营者的品牌意识;要通过组织到农产品品牌经营运作得好的地方参观学习,以成功榜样引导和激励农民和农业经营者增强品牌意识;要通过品牌塑造过程中的跟踪指导,帮助解决农产品品牌建设过程的问题,通过品牌建设的阶段性成果逐渐积累农产品品牌建设的信心和方法,防止过程中的阶段性困难、失误和失败挫伤农产品品牌建设的信心,导致农产品品牌建设半途而废、前功尽弃。

2. 要解决农产品品牌受益公共性的难题

具有品牌化潜质的特色农产品的种植和养殖往往依赖于产地,类似

的土壤和气候等自然条件,相似的种植养殖技术,叠加同姓同宗的家族关系、不同姓氏的亲戚关系和乡情关系等社会关系,难以形成农产品生产秘不外泄的专有技术,难以形成专业技术壁垒和法律保护。在乡村人文环境下,身边人、身边事的成功学习复制是非常迅速的,一个农产品品牌一旦创立成功并具有市场影响力,很快会成为区域公共品牌,使得当地几乎所有的同类农产品都能够使用这个品牌名称,获得这个品牌的收益,而这个品牌的创立者很难得到品牌利益的专有保护,因此影响了农产品品牌创建者的积极性。甚至于刚创立的品牌,在一哄而起的仿效之中难免出现鱼龙混杂、以次充好、质量难以保证的现象,致使刚创立的品牌很快失去市场信誉而被市场遗弃,这种负面担忧再次挫伤了农产品品牌创建者的积极性。

公共性问题的解决需要公共性机构出面协调。农产品品牌确实具有地方区域性公共品牌的特性,具有一方出名四方受益的特点,这本是惠及地方的好事,但是对于率先重金打造品牌的单个企业来说确实又有些不公。因此,县级和乡镇政府应该出台政策措施鼓励和保护品牌建设领头企业的意识和利益,通过具有仪式感的精神奖励给予他们充分的尊重和肯定,通过建立合作社等组织的方式,共担农产品区域性公共品牌建设的责任,分担农产品区域性公共品牌建设的费用,共享农产品区域性公共品牌建设的成果,防止不出力不担责的免费搭便车行为挫伤公共品牌建设的积极性,防止以次充好、滥竽充数行为损害农产品公共品牌的形象和利益。

3. 要解决农产品品牌运营能力弱的难题

农业生产、农产品经营是依赖自然资源和自然条件的自然经济,品牌化经营则更多是源自工业化大生产的市场经济,两者在经济形态上存在着巨大的天然差异、宽阔的自然鸿沟。农业从业者、农产品经营者天生缺乏品牌运营的能力。由于农业生产的技术壁垒低，难以通过生产技术保护构建品牌利益的技术与法律屏障，因此农产品品牌的创立、维护和保护更多集中在营销传播和产品销售等市场营销环节，而这些环节相对于生产环节显得更虚一些，是农业从业人员和农产品经营管理者更看不明白、更不擅长的环节。

解决办法主要有两个方面。一是加大政府和有关公共机构的教育培养指导力度，通过组织现有农业生产经营管理人员的学习培训，提高农产品品牌运营能力；通过从政府部门和有关公共机构选拔优秀人才到乡镇和企业任职的方式，解决农产品品牌运营人才急缺的问题，并通过这些种子人才带动和培养更多的扎根于乡村的农产品品牌运营人才。二是加大有关企业的结对帮扶力度，让类似于脱贫攻坚的帮扶措施和帮扶经验在乡村振兴中的农产品品牌运营中继续发挥作用。在这方面，结对帮扶的工业企业和有品牌运营经验的农产品品牌企业以及营销策划机构能够起到更有实际成效的帮扶作用，而不仅仅局限于转变观念、启发思维，还能提供具有盈利性与可行性的品牌建设方案并帮助实施执行。

（二）创建农产品品牌必须克服三个客观难题

1. 要克服农产品产能规模小的难题

从农产品种植业来看，除平原地区粮食主产区适合机械化规模化作业外，更多的山区乡村地区土地分散，农业生产经营主体分散，难以通过机械化作业提高生产效率和产能，适合种植的农产品受土壤和气候条件的限制，产能规模比较小，不利于开展品牌化经营，打造品牌的成本难以通过规模化的生产和销售获得补偿并取得品牌收益，难以形成品牌化的规模优势和市场影响力。从农产品加工业来看，由于加工原料依附于农

产品种植业,因此不可避免地存在规模小、数量多、分散化的特点,存在加工技术层次低、产品附加值低、销售范围小、经济效益差的现实状况,存在市场化组织化程度低、作坊式生产、粗放式管理、家族化经营的问题,难以形成规模经营效应,缺乏建立品牌的规模基础。

解决办法是创新农产品品牌创建思维。在品牌形象与特征定位方面,要区别于工业品的大众化、规模化品牌形象,聚焦于塑造农产品的小众化、独特性品牌形象,将农产品规模小的缺点转化为独特性强的优点,营造出农产品品牌物以稀为贵的珍稀价值感;在品牌传播方面,不采用工业品牌打造大众化、通用性大品牌的大媒体、广撒网式的广告传播法,而是采用互联网精准化传播、分众化和小众化圈层传播、话题性和口碑化传播等广告传播方式,还可以通过官方新闻媒体对农产品品牌的广告投放优惠扶持、低收费甚至免费的新闻宣传报道和新闻专题节目等传播方式来开展品牌宣传,实现农产品品牌的低成本有效性传播。通过品牌传播成本的降低和效果的提升,克服农产品产能规模小收益少难以拿出资源来进行品牌宣传的困难。

2.要解决农产品质量标准化程度低的难题

农产品的质量受多种因素影响,有人工可以控制的因素,比如耕作养殖技术等,还有非人工所能控制的因素,比如雨雪、霜冻、旱涝、风暴等天气因素,因此农产品质量的稳定性和标准化远比工业产品难得多。此外,农产品品质还要受到独特的土壤、朝向和光照等小环境影响,存在天然的品质差异。

解决办法主要有两个方面:一是在人工可以控制的范围内最大化地保证农产品质量,形成农产品可以人工判断感知、可用仪器检验测量的质量标准,便于农产品生产经营者在生产、检验和销售过程中把握质量标准,也便于农产品分销商和消费者判别农产品的质量标准,促进农产品的选购;二是将自然因素等人工不可控制的因素造成的农产品质量问题加以解决,甚至充分利用农产品自然生长的特征,将其转化为农产品的优势,以区别于温室大棚等人工气候环境下非自然生长的农产品,这种质量问题的实话实说反而能够符合消费者的认知、增加消费者的认同、促进消费者的认购。

3.要克服从农产品生产科技含量低的难题

从自然生产条件看,农产品对自然环境的依赖度较高,许多农产品依赖其独特的地域环境,传统农业对自然禀赋的依赖远高于科学技术,因此从脱贫致富走向乡村振兴的地区,农产品的生产经营很大程度上还处在简单粗放状态,精深加工产品少,高科技产品更少,农户和中小农产品生产加工企业技术装备落后,技术人才稀缺,先进技术应用较少。这些形成了农产品品牌化发展的技术障碍。虽然农业生产并不需要高科技就可以起步,但这并不说明农业发展不需要高科技;虽然农业现有的科技水平比较低,但这并不说明农业领域就没有高科技、就没有必要也没有可能发展高科技。相反,这正好说明农业领域的高科技发展与应用具有广阔的空间,通过高科技应用创立和培育农产品品牌具有广阔的前景,大有文章可做。

解决办法是分类施策。一方面必须承认产品科技含量高确实是比较有利于打造品牌的;另一方面也要指出的是产品科技含量不高也不是不可以打造品牌的,很多食品饮料的科技含量并不高,但却打造出了非常强势的经得起市场考验的长期品牌。比如可乐的技术含量并不高,但可口可乐品牌已经畅销了一百多年。农夫山泉"不生产水,只是大自然的搬运工",已经成为中国最有影响力的中高端瓶装水品牌之一。所以,应该打破品牌塑造的唯科技论,转变品牌创建和培育的科技观,缺少现代人工科技含量的农产品通过强调品牌的天然基因、自然基因,照样可

以打造出优秀的品牌,完全不必自卑。当然,可以利用现代科技改进农产品生产,提高农产品品质、产能和效益的,也完全可以通过赋予农产品科技元素打造具有时代感的农产品品牌形象。

三、创建和壮大农产品品牌需要下好六手棋

无论是工业品还是农产品,品牌的培育、创建、运营和发展都是一个系统工程,不是一招一式就能见效的。而且农产品品牌的打造更具有慢功夫长周期的特性,因为农产品的生产具有慢节奏长周期的特点,不可能像工业品流水线一样以秒为计时单位快速地源源不断地下线产品;因为社会和消费者对农产品的品牌认知和品牌接受也具有慢节奏和长周期的特点,农产品涉及食品安全等问题,社会和消费者不太会轻易信赖一个短期快速爆发的农产品品牌,也不太会轻易放弃一个深受信赖的品牌。农产品品牌的打造需要花长时间、花真功夫,而农产品品牌建设过程中只要严守品质安全关,不出现质量安全事故,其品牌效应将是长期的,因此,品牌的培育和建立是值得付出长期不懈努力的。

1. 下好先手棋:增强农产品品牌意识

思想意识总是行为的先导,打造农产品品牌必须预先建立品牌意识,相信品牌的价值,相信品牌的力量。传统农业缺乏品牌化经营的历史基因,因此农产品品牌化经营的意识普遍是比较弱的。必须优先解决品牌意识的问题,才能真正启动农产品品牌化运营的系统工作。

2. 把握关键棋:做实农产品品牌价值

品牌价值体现在物质价值和精神价值两个方面。农产品品牌的物质价值就是农产品实物上的实用价值,农产品品牌的精神价值是基于农产品物质价值又高于农产品物质价值的思想精神与理念情感层面的价值。

以粮食为例来说，粮食能够充饥饱腹、为生命提供营养和能量，这是粮食最基本的物质价值。随着生活水平的提高，现在人们对粮食的要求进一步上升到绿色健康层面，降低粮食成分中对身体有害的淀粉、油脂和糖分的含量，这是粮食升级化的物质价值。做实农产品的品牌价值，需要从农产品选种育种环节开始，实施全过程全周期精耕细作严格管理。在选种育种环节选择优质良种，从种子源头保证品牌价值的种子基因。在栽培耕作环节，要采用科学方法实行科学管理，合理规范使用农药化肥，防止农化成分超标，要把握好产量和质量的关系，区别不同情况或在稳产增产的基础上提升质量，或在保障质量优先的前提下适度追求产量，不可以无视质量只求产量。在农产品收获后的分类分等分级、保管储藏运输和销售等过程中，要加强质量管理，不能以次充好，不能为了卖相好采取有害方式对农产品进行美白遮盖处置。比如对银耳等食材、茯苓等中药材用硫黄进行熏白处理，卖相是好了，但是实用价值却降低甚至消失了。在储藏环节需要采用低温防霉防潮储存方式，在运输环节采取低温保鲜甚至冷链运输方式，以防止农产品实用价值在储藏运输环节流失或消减。

为做实农产品的品牌价值，需要根据国际通行标准、国家标准、行业标准和生产需要，制定、修改、完善品牌农产品的生产技术规范和操作规程，制定完善农业投入品管理、产品分等分级、包装标识等方面的标准，建立起既符合农产品实际又与国际、国家和行业标准接轨的农业标准化生产体系。要有序推行农产品条码制度，推广视频追溯系统，建立产销互联互通的农产品质量安全追溯信息网络，实现生产记录可存储、产品流向可追踪、储运信息可查询，确保农产品质量安全。政府有关部门和行业商协会要加农业投入品检查监管力度，有效查处违禁使用农药等行为，提高农产品的质量安全水平。

在农产品品牌的精神价值层面,要充分挖掘农产品的文化内涵,根据农业产业文化资源特点与消费者需求趋势,在农产品品牌的设计和培育中,强化农产品品牌的人文、地域和风土气息,塑造农产品品牌的个性特色,打好绿色生态牌和健康安全牌,更好地从精神层面满足农产品消费者的需求。

3.设计招牌棋:做活农产品品牌标识

好产品还需要有好的传播,这样才能走出深山、走出产地,走向销地,深入消费者的内心。在下好增强品牌意识、做实品牌价值两手棋之后,还需要下好品牌标识的招牌棋。要起好品牌名称、设计好品牌标识,使得品牌名称既具有自身特色又利于传播,能够传神达意,以便一炮打响,让人听过不忘;使得品牌标识能够表形表意,让人过目不忘,便于识别辨认。在这方面,朴实的农户和农业企业可能既缺乏意识,也缺乏能力。为此,需要政府有关部门鼓励和帮助他们强化品牌标识与形象传播意识,帮助他们物色合适的专业化的品牌策划机构和广告创意设计公司,请专业的人做专业的事,充分挖掘品牌自身内涵、优化品牌名称,设计具有地域特色和文化底蕴的品牌符号,设计品牌广告传播规范和产品包装、产品展示规范,在品牌传播和销售展示等多种场景中统一地、规范地、高效地展示品牌形象。

要鼓励和帮助农产品品牌开展商标注册和版权登记等相关工作,获得品牌产权和商标法律保护。要积极开展集体商标注册和地理标志产品保护,注重产地认证,防止外来农产品滥用品牌,保护区域公共品牌的实际利益和市场竞争优势。2019年安徽省启动了地理标志农产品保护工程,重点支持地域特色鲜明、发展潜力大、市场认可度高的地理标志农产品,2022年7月正式将太平猴魁、天柱山瓜蒌籽等纳入其中,至此已公布4批31个地理标志农产品,落实中央财政资金9 399万元,扩增标准化

(核心)生产基地面积27.5万亩,培育省级农业产业化龙头企业42家、省级农民合作社示范社56家、省级示范家庭农场17家,带动35万农户增收5.5亿元,具有明显的社会效益和经济效益。

4.打造口碑棋:讲好农产品品牌故事

故事具有情节性、人文性和趣味性,因而易于口头传播,常被人们津津乐道。搜集整理和传播农产品故事,对于传播农产品品牌,塑造生动形象鲜活的农产品品牌具有良好的作用。

优秀传统农产品、具有历史与文化底蕴的地方土特产品,背后往往都有很多代代相传的故事,有的以前还是贡品,由地方官员献给皇帝,当地人也因此为傲;或与科技著作有关,如被《本草纲目》记载,成为有据可考的经典;或与文人墨客的工作生活及其诗词歌赋有关,成为文化记忆和文化符号;或与解救苦难百姓、增进民族福祉有关,在饥荒年代救人性命,甚至还成为救死扶伤的良方。

结合传统技艺与现代科技培育和发展起来的优质农产品,背后也往往有很多动人的故事。农业科学家和农业技术人员,基层农业干部,脱贫攻坚挂职干部,乡村振兴挂职干部,大学生村干部,勤劳朴实的农民,返乡创业的青年大学生、硕士生甚至博士,都是故事的主人翁。袁隆平院士的杂交水稻就让上至50后、60后,中至70后、80后,下至00后新时代青年感恩感怀。

所以农产品品牌不仅不缺少可传播的故事内容,而且具有丰富的故事内容。关键在于要突破农民的保守意识,敢于对外传播并找到适合的传播途径和传播载体。广播电视、报纸杂志等官方新闻媒体要主动帮助农民和农业企业讲好农产品品牌故事,县级融媒体更有责任讲好当地农产品品牌故事。各地还需要利用互联网平台,普及到广大群众的社交媒体如微信群、朋友圈等,讲好农产品品牌故事。在这方面,涌现了很多县

市长、乡镇长为家乡农产品代言的实例,不仅传播了品牌和口碑,而且有效带动了销售。此外,还可以结合乡村文化旅游,向游客实地现场口头讲好农产品品牌故事。

5. 发力制胜棋:做好农产品品牌销售

销售是收回产品投入、取得经济收入的重要环节。打通和拓展农产品品牌销售渠道,实现农产品顺畅销售是农产品品牌运营的制胜之举。

依托已有传统渠道是实现农产品销售的基本路径。由于历史原因,很多农产品已经积累了相对稳定的传统线下销售渠道,覆盖了一定的销售区域范围,这些渠道的老客户、老市场具有老习惯,会维持一定的销售量,因此可以升级拓展,不要轻易放弃。

积极拓展电商等新兴渠道是实现市场拓展的有效方式。可以利用电商下沉发展趋势,借助互联网电商平台,包括淘宝、天猫等综合性电商品牌,包括抖音、快手等短视频直播电商平台,将产品卖向传统实体渠道覆盖范围之外的广阔市场。在选择电商运营团队[包括MCN机构(多频道网络机构)和带货主播]时,建议优先考虑不收坑位费、不以全网最低价为噱头的助农团队,如东方甄选等。对于资本方投资炒作市场的社区生鲜团购渠道,保持观察和接触,在保证有销量有效益的基础上开展合作。

积极响应政府乡村振兴与助农政策,对接城市大型商超实行直采直供,对接大型农贸市场开展批发销售,对接乡村振兴帮扶的企事业单位开展单位集体采购和个人团购,都是产品资金安全和效益比较有保障的可靠销售模式。

立志于自主掌握自有销售渠道的农产品品牌,还需要在城市市场设立独立的品牌或产品专卖店,或在大型商超及农贸市场设立销售专柜,通过直供直销保证源头新鲜与产品安全,积累忠实的终端消费者群体,打造品牌影响力和销售样板店。

打通农产品品牌销售渠道,可以采用以某一渠道为主、其他渠道共进的多路销售体系。不要采用单一销售渠道模式,因为单一渠道难以满足扩大市场的需要,而且即便单一渠道做得很大也可能存在一定的风险,一旦这个渠道出现问题,将面临无路可走的局面。

6.布局远见棋:谋划农产品品牌发展

在实现农产品顺畅稳定销售,能够源源不断地取得销售收入和经济效益之后,还要推动农产品品牌进入稳定发展阶段,实现良性循环。但在这个阶段,需要克服满足感和保守思想,不能不思进取,否则就有可能在市场竞争中被打入衰退的行列。因此,必须鼓舞斗志,再接再厉,谋划和实施品牌进一步发展的战略战术,不断做大做强品牌。发展思路主要有三个方向。一是专业化发展,将原来的农产品的产能和市场规模做大做强;二是多元化发展,增加新的农产品品类项目实现横向扩张;三是一体化发展,向农产品下游的深加工和终端产品延伸,打造从田间到餐桌的全产业链体系。这是取得阶段性成功的农产品品牌需要布局的一着面向未来发展的远见棋,具体应该选择哪一种发展方向,需要根据实际情况进行科学决策。

(四) 案例分享:北大女博士回乡创业,创立"博士妈妈"品牌

地处大别山腹地的安徽省岳西县是革命老区,早在1985年就被列为首批国家级重点贫困县。在岳西县,有一位返乡创业的博士妈妈余纯通过与农户合作养殖野鸡(图5-1)和销售野鸡蛋,创立了"博士妈妈"品牌,为家乡的脱贫贡献了自己的一份力量。2017年6月14日晚7点至7点30分,中央电视台七套《农广天地》栏目报道了余纯回乡创业的故事。

余纯博士毕业于北京大学医学部,曾在广州当公务员。在广州怀孕

图5-1 余纯(右)在野鸡养殖场喂鸡(新华社记者刘军喜摄)

生子期间,余纯常吃从家乡带来的农特产品,感到产自家乡绿水青山间的农特产品绿色健康、营养价值高,但由于欠缺产品推广渠道,市场知名度不高。而那些年媒体报道的三聚氰胺、苏丹红、地沟油等众多食品安全事件,激发了余纯创业为下一代成长提供健康食物的想法。由于具有医学专业的背景,她把关注点放到了野鸡项目上。野鸡淋巴细胞和吞噬细胞较普通鸡种发达,抗病能力极强,几乎不会生病,更无须注射抗生素;野鸡蛋不仅味道鲜嫩可口,经北大医学院实验室检测还具有特殊的健康营养价值。于是余纯就带着团队在大别山腹地找到了纯天然野鸡第一代品种,并加以先进的科学放养,塑造野鸡原始生长的天然环境,使得野鸡和野鸡蛋达到"六无"标准,即无病源、无家族病史、无药物残留、无抗生素、无激素、无重金属。

为了做好生鲜野鸡的养殖和销售,余纯北大的三位同门师姐加入了团队,有人做野鸡饮食成分研究,有人做野鸡蛋营养学研究,有人做产品战略策划,并注册了"博士妈妈"品牌。

经过两年多的研发和养殖,"博士妈妈"野鸡蛋开始上市销售。在线上,早期主要是淘宝和微商代理;在线下,入驻实体店、社区、母婴用品店。2015年3月份,在试运营初期的一个月,"博士妈妈"的销售额达到

300万元,产品入驻实体店32家,遍及全国22个省市(图5-2、图5-3)。

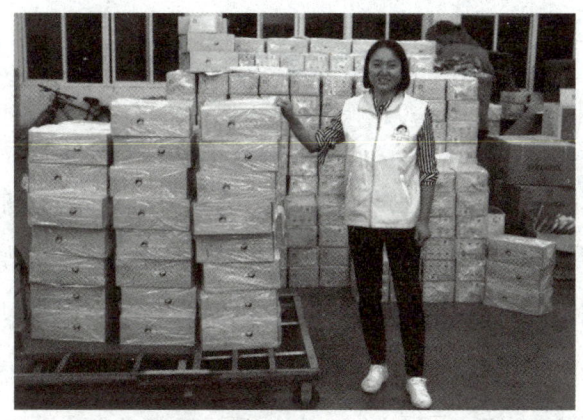

图5-2　余纯在岳西县电商产业园仓库备货(新华社记者张端摄)

图5-3　余纯在展示公司官网产品网页(新华社记者李任滋摄)

这样的开局虽好,但是利润很薄。2017年,"博士妈妈"大半年的销售额不到1 200万元。余纯发现本土的生鲜产业不足以支撑公司发展,而且员工当中还有三分之一的人是当地的残疾人,为了给他们以生活保障,余纯决定向母婴类的养生保健品进行扩张。"2018年5月份,我们的销售额达到了1 000多万元,有了明显的变化。"

对于未来,余纯希望把"博士妈妈"做成一个全国知名的儿童健康饮食品牌,并重点扩张母婴类的养生保健产品。

第三节 推动"文化+产业"融合发展

乡村文化振兴需要产业提供经济基础和实力支撑,乡村产业振兴也需要文化提供思想基础和智力支持。推动"文化+产业"融合发展,实现文化和产业相互赋能、相互促进、共同发展,有利于实现乡村文化振兴和乡村产业振兴,关联带动乡村人才振兴、乡村组织振兴和乡村生态振兴,进而促进乡村全面振兴,因此具有十分重要的意义。"文化+产业"融合发展的基本途径,主要包括"文化+农业""文化+工业""文化+服务业"等文化与一、二、三产业融合发展等三大方面。

一、"文化+农业"打造文旅观光农业

农业是农村经济中分布最广、体量最大的第一业态。农业振兴是乡村振兴的主要支柱。"文化+农业"在推动乡村振兴中具有最广阔的前景和最广泛的意义,应该摆在乡村文化和产业融合发展与共同振兴工作的首位。通过"文化+农业"融合发展,打造具有文旅观光审美和农业果实收成双重价值的现代农业就是其中的发展模式之一。

在北京和上海等一线城市的县区乡镇、四川和云南等农业省份的乡镇,很多地方都有采用"文化+稻田"打造的"五彩稻田"景观,成为文化宣传、乡村旅游和农业业态的新亮点,吸引着旅游观光者、新闻媒体记者和网络自媒体的目光。"五彩稻田"是以彩色水稻做"颜料",以稻田当"画布",利用水稻生长形成的大美植物画卷,实现了乡村稻田与文化艺术的完美结合,展示出独特的农耕艺术风韵,极具观赏性。从观景高处看,简直美不胜收,令人叹为观止。五彩稻田观赏期有3个多月,最佳观赏时节

当属金秋水稻成熟之时。

2022年7月,为迎接党的二十大胜利召开,云南玉溪市江川区星云湖南岸乡村振兴示范区星云稻场的彩色水稻画(图5-4)长势良好,已进入最佳观赏期。其中一块彩色水稻画面是党徽和"一心向党 喜迎二十大"的红色主题大字,寓意着江川人民坚定信心跟党走、奋力开启新征程的火热激情。

图5-4　云南玉溪江川彩色水稻画(图源:江川发布)

"五彩稻田"通过栽种五种不同颜色的水稻长成,也有用六种或七种颜色水稻栽种长成的六彩稻田或七彩稻田,画面种植和培育过程具有一定的文化创意和技术实现难度,需要经过文化主题构思、图案设计、定点测绘、彩苗培育、秧苗移栽、田间管护等多个环节,经过一定的生长周期才能最终成画。

上海崇明横沙乡丰乐村原来因为产业单一而发展滞后,是一个与上海大都市形象极不协调的落后乡村。多年前,村党总支一直为村里只有水稻单一产业、没有任何工业基础、无法实现村民增收而发愁。2018年,他们开始引入文化创意元素,赋能水稻种植产业,与村里一家农场合力打造水稻彩画项目,将农田种植变为靓丽风景。2019年,丰乐村继续扩大范围,设计了260亩稻田艺术图景,被吉尼斯认证为"世界最大水稻画",并在周边设置了花海、迷宫以及游乐设施,构成300多亩"海岛艺术田园"景区(图5-5)。

项目建设带动了村民就业、创业,增加了村民的收入。在建设海岛艺术田园景区时,流转村民闲散土地惠及周边189户家庭;在景区建设过程中为村民提供务工岗位50余个,人均增收约8 300元;景区建成后为村民提供岗位12个;村民返乡创业自建民宿的有7人,自建农家乐的有3人;等等。2020年,丰乐村集体资产新增2 300万元,村民人均可支配收入达到32 000元,相比于2015年增长了39.1%。2021年,海岛艺术田园获评国家级AAA旅游景区,吸引超10万游客慕名前来体验,直接经济效益突破6 000万元。

图5-5 "江豚游历世界"水稻画(图源:上海崇明微信公众号)

二、"文化+工业"打造文创制造工业

相对于城市,农村落后的文化和工业是最明显的短板,是城乡差距最明显的板块。在乡村文化振兴和乡村产业振兴中,着力于"文化+工业",打造文创制造产业是缩小城乡差距、助力乡村振兴的一条比较有特色的道路,各地在实践中已经形成了一批具有亮点的典型案例。

世界上的乐器一半都是"中国制造"。中国生产的钢琴、西洋管乐器、提琴、打击乐器、吉他、电声乐器等均占世界产量的50%~70%，中国已经成为世界上最大的乐器生产国，现有乐器制造企业6 000余家。而成就乐器大国的，竟然是低调的中国县城和乡镇。

山东乐泉村成为中国二胡之乡。传统民族乐器二胡是中华民族音乐文化的象征之一，西方人把二胡称为"东方小提琴"。山东省临沂市郯城县庙山镇的乐泉村是著名的二胡之乡。当地的二胡产业已覆盖了高、中、低端各个层次的市场，每年生产各类胡琴20余万把，占到了全国二胡销售份额的一半以上。这个村子家家户户都做二胡，撑起了一方产业。

江苏黄桥拉响提琴交响乐。小提琴被称作"西方乐器皇后"，而以黄桥烧饼出名的江苏泰兴黄桥古镇每年生产的小提琴占全国总产量的70%以上，占全球市场的30%以上，蝉联世界小提琴销量第一桂冠已有30余年。小提琴让"烧饼小镇"成为"爱乐之城"。

河南兰考奏响民族乐器。河南兰考被誉为"中国民族乐器之乡"，生产各类民族乐器共100多种。其中，最为著名的是徐场村，全村105户，有82户都在从事民族乐器制作，年产古筝、古琴等民族乐器10万台（把），乐器配件6万套，产值能达到2亿元。2017年，兰考依靠民族乐器制造成了河南第一个脱贫的贫困县。40多年前，县委书记焦裕禄为抵御灾害，带领兰考人民在沙丘上广种泡桐树。后人发现兰考泡桐纹路清晰，非常适合做乐器的音板。因此，当初为防风治沙而栽下的泡桐树，就成了兰考发展的"绿色宝库"。现在，中国95%以上的民族乐器木质材料取自兰考泡桐，中国兰考以民族乐器奏响了脱贫致富的乐章。

中国乐器小镇依靠价格优势和产能规模走向了世界，但是也面临着大部分"中国制造"同样的问题：局限于低端市场，占据高端市场的还是外国品牌。在文化赋能乡村振兴的历史进程中，还需要努力实现从价格低廉走向品质卓越。

三 "文化+服务业"打造特色文化服务业

1."农耕文化+乡村本色"打造乡村文化旅游服务业

文化是旅游的灵魂,没有文化就没有个性特色和精神支撑。以文促旅、以旅彰文是旅游行业发展的基本逻辑,也是乡村文化振兴促进乡村产业振兴的基本逻辑。与城市现代文化和人造景观不同的是,乡村文化旅游业发展的基础和特点是"农耕文化+乡村本色",以此实现投入少、有特色、可持续的发展路径。

"稻花香里说丰年,听取蛙声一片。"这句词描绘的场景在四川省广安市岳池县"稻田酒店"变为现实。在国家AAAA级景区岳池农家生态文化旅游区,有一家以农耕文化体验为主题,在稻田上用集装箱和原生态的竹、木、石精心打造的"稻田酒店"。在各种节假日期间,景区还通过开展"春耕秋收"稻田农耕等参观体验活动,实现"劳作变体验",让众多家庭在诗意田园风光中享受天伦之乐。依托稻田建酒店,一块土地实现两种效益,和只种植水稻相比,"稻田+酒店"的模式,让这片土地年产值增加了50多万元。近年来,岳池县白庙镇依托稻田产区,以稻田文化为主题,将农业元素与旅游资源相融合,积极打造"稻田+旅游"的农旅融合发展模式,让"山区变景区,田园变公园,产品变礼品,民居变客房",将"美丽资源"向"美丽经济"转化,为美丽乡村建设注入持久动力。

陕西省咸阳市袁家村拥有"乡村旅游第一村"的称号。在乡村党组织的带领下,依靠农民自身,从"关中民俗"开始涉足乡村文化旅游产业,历经民俗文化旅游期(2007—2010年)—"餐饮+旅游"规模爆发期(2011—2016年)—品牌价值彰显期(2017年以后)三大发展阶段,实现全面发展振兴。2019年客流量超过700万人次;2020年虽受新冠肺炎疫情冲击,但旅游收入也维持在5亿元左右,村民人均收入超过10万元。

袁家村成功发展的案例在中国特别有典型意义,特别值得借鉴学习。袁家村原本是一个地地道道的关中自然村,没有什么旅游资源,没有旅游专业人才,在旅游经验方面可谓一穷二白。然而,袁家村开发文化旅游的成功逻辑也正就是因陋就简、因地制宜,以淳朴的方式展现乡村原貌,满足游客体验乡村生活的愿望。

袁家村的主打形象是关中印象体验地,通过民俗、饮食、农耕、建筑、传统手工艺展示关中地区的乡村文化。①饮食文化。袁家村特色美食是陕西饮食的典型代表,袁家村小吃文化街汇聚了100多种不重样的各色关中美食,而且每家店只卖一种食物,游客无法一次吃完所有美食,因此普遍重游率较高。②农耕文化。袁家村乡村旅游展示关中地区农耕文化,讲述农业用具文化,开发观光农业和体验农业,瓜果采摘、租地种田等旅游活动,吸引来自城市的游客。③传统工艺制作文化。袁家村坚持展现美食传统制作工艺和传统工艺品文化,虽然展现项目本身不盈利,但具有传承意义和观赏价值,并具有美食和工艺品的销售促进价值。④建筑文化。袁家村的关中民居遵循着传统的"风水"文化规制:前有"案山、朝山",后有"祖龙","负阴而抱阳","聚气使不散",建筑装饰也讲求乡土情结和精神内涵,具有人文观赏价值。⑤关中民俗艺术。袁家村的关中民俗艺术以秦腔、皮影、木版年画等最具代表性。秦腔高昂激越,听了振奋精神;陕西皮影在人物造型塑造方面具有单纯质朴、生动形象、有势有韵的特点,极具观赏性。木版年画分多版多次印成彩色年画,具有浓郁的地方特色,具有良好的展示观赏、纪念收藏价值。

现在,袁家村已构建起一种立体的文化旅游场景:康庄老街,唤醒人们的关中印象;小吃街,成了美食家的天堂;作坊街,看得见的食品安全;农家乐街,让人眷恋的乡村生活;酒吧街,醉意蒙眬中的酣畅;艺术长廊,令人驻足流连;回民街,体验舌尖上的味道;书院街,天南海北的宾朋来

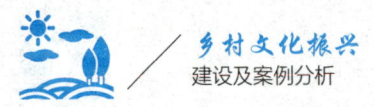

做客。袁家村以小吃为卖点、以民宿村落为陪衬,以前店后厂、传统作坊工艺进行活化场景呈现,让游客既看得见又摸得着。袁家村的大戏台,则以非遗文化和民俗风情展现着关中文化。

袁家村以乡村文化旅游打响了服务业品牌,带动了产业向二产、一产发展,迈向了乡村振兴的一、二、三产业融合发展的道路。未来,袁家村的总体发展思路是做好一个品牌,做强两大产业。一个品牌就是以"三农"为内涵的"袁家村"品牌;两大产业一个是文旅产业,一个是健康餐饮和农副产品产业,它们都以袁家村为起点,走向城市,全国布局,实现更大发展。

2."勤俭文化+物资回收"打造乡村循环经济服务业

由于长期贫穷落后、资源资产贫瘠,生活的窘迫使农村人普遍养成了吃苦耐劳、任劳任怨、勤劳致富、勤俭节约的特性,将城里人丢弃不要的垃圾,将城里人放弃不干的工作,都视为机会和财富。然而,正是这种看似不起眼但却是脚踏实地的起点,这种看似微不足道而又实属自食其力、不卑不亢的辛劳,悄悄地改变着农村人的生活状态,并打造出具有环保意义的服务产业。

大周镇是河南中部的一座小城镇,只有64平方千米,不到8万人。但2021年,这个原先河南最穷的小城镇,却有废旧金属回收网点8 000多个,年回收各种废旧金属400万吨,收入达到832亿元,贡献了22亿元的税收,做成了长江以北最大的废旧金属集散地。这里的村民,简直个个都是"破烂王",他们收集了天南海北的易拉罐,还跑到新疆、内蒙古收炮弹、坦克,甚至有人去俄罗斯收回来旧飞机。

原先大周镇的经济过去经常在全市排倒数第一。"捡破烂"不是主动选择,而是被逼无奈。大周镇地上没资源、地下没矿产,土地还是沙土地,只能种些红薯和花生,村民们只能把红薯做成粉条,再拉到县城里去卖,回来的时候觉得车子空着也是浪费,就沿路捡一些废品拉回来卖。再后来,为了生计,很多村民拎着麻袋,骑着自行车走街串巷开始收破烂,这是大周镇第一代收废品的村民。

他们见什么收什么,塑料、废纸、铁器全收。慢慢地有人发现,破烂里有"金子"——废旧金属。直接卖给废品回收站其实赚不了多少钱,但是简单冶炼处理之后效益就可观了。在收收卖卖中,大周镇慢慢把收破烂搞成了产业链。有的人在家开收购部,经营废旧金属的收卖。有的人搞运输,全国各地收废品。有的人在外打工,学会了冶炼技术,将废旧金属经过简单加工后卖出了很高的价格,由此大周镇出现了有色金属加工。

到了2015年,大周镇靠着"收废金属"就已经做到300亿元的收入,大周镇收废品的人跑得越来越远,西安、洛阳、内蒙古、新疆,甚至开始在全世界"捡破烂"。有人直接跑到俄罗斯,将当地的破飞机、破坦克都运了回来。甚至他们的后代从中南大学博士毕业后,放弃大城市大企业的工作,返回家乡从事再生资源循环利用科研工作。

3."网络文化+农副产品"打造乡村电子商务服务业

随着农村网络基础设施和智能手机的普及,网络文化和移动电商也渗透到了农村乡镇。发展农村电商,在解决农村就业创业、促进农民增收、推动产业发展等方面发挥了积极作用,依托电商发展成为乡村振兴的一条新路。"手机成为新农具,直播成为新农活,数据成为新农资,农民成为新网红,果品成为新网货"正是这条新路的形象说法。

三瓜公社位于安徽巢湖市,占据半汤街道部分区域以及周边十余个村,总面积10平方千米左右,建有冬瓜民俗村、南瓜电商村以及西瓜美食村,故称"三瓜公社"。三瓜公社先后荣获"中国美丽休闲乡村""中国最美特色小镇50强""省乡村旅游创客示范基地"等称号,其做法于2019年

入选国家发改委发布的"第一轮全国特色小镇典型经验",作为构筑城乡融合发展新支点的典型在全国推广。

三瓜公社采用了"企业+政府"的开发建设模式。2015年3月,合巢经济开发区管委会引入安徽淮商集团并联合成立了安徽三瓜公社投资发展有限公司,按照"互联网+三农"的发展理念,构建起"线下实地体验、线上平台销售,企业示范引领、农户全面参与,基地种植、景点示范"的产业发展模式,围绕民俗、文化、旅游、餐饮、休闲等多个领域,综合现代农特产品的生产、开发、线上线下交易、物流等环节,探索出一条信息化时代的"互联网+三农"之路。

南瓜电商村定位为电商村、农特产品大村、互联网示范村,已经入驻的电商企业为自有的"三瓜公社"官方旗舰店,开设了天猫、淘宝、京东、苏宁等各平台线上店铺共28个,开发了"三瓜公社"电商平台和APP,还吸引了微创全国联盟、创客空间,以及大量文创基地、乡村酒吧和特产销售门店入驻。截至2020年,已累计完成投资6.5亿元,入驻电商创业企业86家。已经开发出茶叶、温泉、特色农副、乡土文创四大系列千余种特色商品和旅游纪念品,并通过线上线下融合的方式销售,使农村产品销售渠道实现多元化。

冬瓜民俗村力图挖掘还原巢湖地区6 000年的农耕民俗文化,先后建设半汤千年民俗馆、古巢国遗址、有巢印象、冬瓜传统手工艺坊,引入客栈、民宿、温泉养生、旅游度假等乡村旅游服务业,打造以体验半汤地方传统农耕民俗文化为特色的村庄发展模式。

西瓜美食村已经建成80户风情民居民宿、60家特色农家乐、10处心动客栈酒店。通过村集体入股和持股组建汤山旅游公司,共同开发温泉康养民宿,拓展村集体经济发展路径。

三瓜公社通过线上线下融合带动乡村产业快速发展,解决了农产品无标准、无品牌、无体系等关键问题,让农特产品成为线下购买热品、线上电商"爆款",提升农特产品附加值30%~50%,已发展社员1 000多户,带动了周边11个村落农民共同致富;建设了二十四节气馆,馆内呈现着春耕、夏种、秋收、冬藏的四季农耕景象,不同节气下丰富的田园物产与馆外的自然风光融为一体,成为新晋"网红"打卡地。2020年,三瓜公社旅游人数突破千万,农特产品、餐饮、民宿服务同步热销,年线下销售及旅游收入达到2.1亿元,年接待游客人数超300万人次。